投资者的敌人

朱宁 著

中信出版集团 | 北京

图书在版编目（CIP）数据

投资者的敌人 / 朱宁著 . --2 版 . -- 北京：中信出版社，2020.6（2021.6重印）
ISBN 978-7-5217-1803-4

Ⅰ. ①投⋯ Ⅱ. ①朱⋯ Ⅲ. ①投资—研究 Ⅳ. ① F830.59

中国版本图书馆 CIP 数据核字（2020）第 066163 号

投资者的敌人

著　　者：朱宁
出版发行：中信出版集团股份有限公司
　　　　　（北京市朝阳区惠新东街甲 4 号富盛大厦 2 座　邮编　100029）
承　印　者：北京诚信伟业印刷有限公司

开　　本：787mm×1092mm　1/16　　印　　张：19　　字　　数：252 千字
版　　次：2020 年 6 月第 2 版　　　　印　　次：2021 年 6 月第 4 次印刷
书　　号：ISBN 978-7-5217-1803-4
定　　价：69.00 元

版权所有·侵权必究
如有印刷、装订问题，本公司负责调换。
服务热线：400-600-8099
投稿邮箱：author@citicpub.com

目 录

推荐序　威廉·戈茨曼　_ VII
前　言 _ IX

01
不尽如人意的业绩 _ 001

即使高水平的机构投资者或者企业，也会在投资过程中面临巨大的损失。投资者在考虑投资的时候，必须认识风险。很多投资者之所以喜欢阴谋论或者战争论，是因为阴谋论或者战争论可以成为投资失败的借口。

02
麦道夫的教训 _ 021

投资者一定要尽可能了解投资对象，意识到投资存在风险。风险可以是别人的风险，但财富是自己的财富。无论预期收益如何诱人，投资者一定要提升风险意识，对于高风险的产品，应浅尝辄止，多元投资。

03

野村收购雷曼 _ 041

监管者要做的是制定清晰的法律，并尽可能地限制公司高管损人利己的行为。广大散户能做的最重要的事就是看好自己的钱包。收购过程本身充满挑战，但收购之后的整合，才是真正决定收购成败的关键因素。

04

风险的起源和风险管理的来源 _ 055

有效控制风险是投资者提升长期收益的重要手段。投资者必须意识到，无论做多少模型，自认多么有把握，未来总会有不确定性。因此，金融机构和一般投资者不能急功近利地把风险敞口做得太大，或把杠杆做得太高。

05

过度自信的高管 _ 073

越是自信的高管，在考虑兼并收购活动时越可能支付高昂的价格。这时，被收购方的股票可能已被高估，过度自信的高管可能利用股东的财富收购一些物非所值的公司。难怪资本市场对过度自信的高管唯恐避之不及。

06

制度引发的风险 — 091

公司高管应根据投资业绩调整投资策略和公司的风险敞口，并始终确保公司的风险敞口不突破风险框架。只有这样，才能保证公司追求长期目标。此外，在风险决策过程中，公司内部应保持意见一致，这样才能找到相对稳健的投资项目。

07

损人利己的高管 — 109

有些公司高管为了达到让自己的期权增值的目的，会故意参与或者投资一些高风险项目，这会增加公司面临的风险。如果这些风险带来收益，那么收益会被公司高管以奖金和股权的方式获取。如果这些风险带来损失，那么将由股东买单。

08

激励机制对高管行为的影响 — 127

通过股权来激励高管的初衷是好的，但是在实施过程中，正是因为有了股权激励，公司高管的目标和股东的长期目标不会趋于一致，而会趋于不一致。有时，公司高管考虑的并不一定是股东的长期投资收益，而是如何最大化自己持有的公司股票的价值，如何让自己的财富进一步增长。

09 投其所好的高管 — 145

企业一旦决定上市，便可能通过盈余管理等手段，将业绩包装得光鲜亮丽，以提升公司股价。公司股价虚高，投资者很可能会承担过高的成本，这会大大影响投资者的收益。

10 投其所好：其他公司决策 — 163

分红或者回购是公司在充分考虑投资者的心态和市场反应之后做出的决定，以吸引投资者。公司意识到拆股政策会激发散户的购买欲。此外，投资者往往会对那些更改名称的公司产生浓厚的兴趣。

11 政府与监管者的行为偏差 — 181

监管层和政策制定者都有一定的行为偏差和局限性，同时，很多政策也有局限性。因此，政策制定者在酝酿相关政策的过程中必须认清自己的行为偏差，以便制定更为科学的监管政策。

12

数字游戏 _ 203

如果官员相对短期的目标函数和政府或者企业长期的目标函数不匹配，就可能导致地方政府为了追逐短期国内生产总值增长而过度借债，忽视环境保护或者民生问题。这些问题源于政府的长期目标没有得到短视的官员的支持和贯彻。

13

大而不倒 _ 227

其实，金融机构这种"敢让我倒闭，我就拖垮整个金融体系"的大而不倒的气概，才是问题所在。维持经营不善的企业是对社会资源的巨大浪费。因此，破产并非洪水猛兽，有时，它也可能成为历史的催化剂，套用乔布斯的一句话来说就是"死亡是生命最伟大的发明"。

14

金融创新 _ 245

无论金融市场如何发展，金融技术如何进步，风险都只是被重新分配，而非被消除。金融创新有可能引发不可预测的"黑天鹅"事件和相应的风险。

15

何去何从 _ 265

投资者面临的最大的敌人，既不是外国的阴谋策划者，也不是本国的政府和监管层，更不是上市公司或者金融公司，而是自身对于金融市场和风险的片面认知。如果投资者不能正确认识风险，整个资本市场和金融体系会面临极大的不确定性。

致谢 _ 285

推荐序

现代金融市场是一个异常特殊的技术体系，它为世人提供了一种储蓄未来财富的方式，一种对生活中的不确定性进行对冲的手段，使人们能够投资于提供商品和服务的企业。尽管金融如此重要，但是对于大多数人来说，它依然难以理解。金融分析似乎是一个很抽象的概念，而且与传统的思维方式存在较大差异。或许，金融思维是人类智慧的新维度。

金融要求我们把自己理解为既活在当下又活在未来的物种。然而金融计算和规划是一种定量技能，它不是自然产生的。未来的不确定性很难通过简单的手段理解、量化和分析。在人类历史上，人类在做经济决策时会依赖家族、群体的指引，或者遵从某位领袖的意见。其实，理性的经济决策不应该基于以上因素，然而，我们天生地依赖传统因素做决策。

金融分析和传统思维之间的冲突与矛盾会导致我们犯错。这种失误不仅发生在个人投资者身上，企业高管甚至监管部门和政策制定者也不可避免。毕竟，你我皆凡人。朱宁教授的《投资者的敌人》便是对经济决策中这一基本矛盾的一次探索。我过去曾与朱教授在多个研究中愉快合作。他的研究（行为金融学，即本书主旨）深度结合了金融学和人类心理学知识。他取得的研究成果颇多，对此，我非常钦佩。

在过去40年间，行为金融学像一片沃土，向我们揭示了人类在做决策时，理性和天性之间的大量矛盾，并切实给予人们有益的指导。这本书主要讲述了个人和组织应如何理解与突破天性（欠佳的行为）的限制。

这本书的出色之处在于，朱教授运用了多个写作角度。这本书除了指出散户存在的大量决策失误，也将行为金融学的内涵延伸至企业、监管机构和政府部门。朱教授向我们展示了在以上场景中，人类的决策如何受常见的心理偏差影响。这本书不仅论证了行为金融学的重要性，还证明了个人认知的局限性是可以被突破的，只要我们意识到自己的认知确实存在局限性。

威廉·戈茨曼

耶鲁大学国际金融中心主任

前　言

　　为什么美国房地产市场会在 2008 年下跌，并且引发百年一遇的全球金融危机？

　　为什么中国 A 股市场会在 2015 年经历异常波动，并导致市值腰斩，致使投资者损失超过 25 万亿元？

　　为什么像美国长期资本管理公司（LTCM）这样的明星对冲基金会在 1998 年短短一个月里损失超过 90% 的资金，并且几乎摧毁全球金融体系？

　　为什么像麦道夫这样的明星基金经理能够在二十多年的时间通过欺骗吸收 600 多亿美元，但只进行了不超过 20 次的交易？

　　为什么像惠普这样的老牌科技公司会在估值 110 亿美元的收购 Autonomy 公司的交易中折戟沉沙，损失 88 亿美元？

　　数年以前，笔者曾在《投资者的敌人》一书中对这些问题进行了剖析和探讨。在此，笔者首先利用这个机会感谢过去多年对《投资者的敌人》和笔者本人给予大力支持与关注的朋友。《投资者的敌人》自 2014 年出版以来，得到社会各界的认可，且多次加印，并被翻译成多种语言在全球出版。

《投资者的敌人》的出版恰逢行为金融研究的爆发期，可谓生逢其时。随着罗伯特·席勒教授和理查德·塞勒教授，因对于行为金融研究的贡献，分别在2013年和2017年获得诺贝尔经济学奖，全球各界人士对于行为金融学研究的兴趣，对于行为金融学解决现实经济和金融问题的能力的信心，都明显大增。

《投资者的敌人》出版以来，中国经济增长和金融市场出现深刻变化。随着过去几年中国经济增长速度逐渐放缓，房地产市场逐渐冷却，信托产品和银行理财产品的风险逐渐增加，中国A股市场的波动幅度也逐渐变大，这些都让广大投资者，特别是散户产生了一种无可适从的感觉。原来的投资策略和投资习惯逐渐不再适用，而新的投资理念和投资方法又尚未形成。与此同时，物价的上涨和真实购买力的下降又进一步提升了人们希望通过投资让自己的财富保值增值的意愿。2020年的新冠疫情更是带来了前所未有的经济冲击和全球金融体系的动荡，这让很多原本成功和稳定的企业也开始感受到环境的变化与挑战的增多。

因此，过去几年有很多读者希望笔者对《投资者的敌人》进行更新，也希望看到对于散户和企业管理者更加有针对性的内容与分析。在中信出版社朱虹老师的热情邀请和提议下，我欣然决定把《投资者的敌人》的内容重新定位为针对散户，以及针对企业家、政策制定者的两本书，并更新相关内容，以飨读者。

新版《投资者的敌人》更针对企业家、高级管理者以及政府决策者，更多利用行为金融研究，特别是行为公司金融研究，着重讨论企业家和公司高管在股权债权融资、兼并收购、投资者关系、回馈股东等公司金融领域面对的主要问题，同时结合企业家自身的特点和行为偏差，以及经济金融体系中广泛存在的风险和不确定性，帮助企业家认识自身决策的局限和错误。同时，基于政府政策和监管决定对企业经营的重大影响，本书尝试通过政府决策和企业决策过程之间的类比，对于政策监管部门自身的行为和决策过程也提出了基于行为金融研究的新的视角与思路。

伴随近期高度变化的经济金融环境，企业家和高管面临的挑战并不仅仅局限于如何发展和管理企业，同时也涉及如何把握资本市场提供的机会，理性负责并且及时地对自己的财富进行布局和规划。在投资领域，企业家和高管的专业知识、技能，未必能够给两者带来比散户更多的优势。相反，企业家和高管自身财富高度集中，严重偏好自己所在的行业，并且高度依赖在管理过程中积累的成功经验和业绩，这些都有可能成为他们在投资理财过程中的巨大挑战。因此，笔者希望企业家和高管可以结合《投资者的敌人》和《投资者的朋友》，洞悉金融体系和资本市场的本质，更好地认识到资本市场既是信息的市场，也是投资者心态和行为的市场，进而能够在个人理财领域克服自身的贪婪和恐惧，识别他人的错误和局限，改善自己的投资决策。行为金融学正是力图弥补投资者在这些方面的不足的一个新兴交叉学科。

与此同时，本书的读者并不局限于企业家和高管。2015年的股灾和2018年的股市大跌，都展现了广大散户和企业高管在知识能力、金融工具、操作手段、风险承受能力等方面的天壤之别。如果广大散户能够对资本市场和金融体系中的行为偏差、信息不对称以及监管者的多重政策目标考虑有更多的了解，就可能对自己在金融体系中的"弱势群体"地位有更清晰的了解，并做好充分准备，这样就能减少自身的行为偏差，并避免被监管者误导或被上市公司利用，从而提升自己的投资业绩，使自己的财富保值增值。

行为金融学的一个重要目的，就是帮助散户了解金融市场的复杂性，了解资本市场、上市公司、金融机构熟知，但自己并不知晓的行为和做法，最终认识到自己的天真和局限。散户只有更好地了解监管者、上市公司、企业高管的行为和思路，才有可能更好地维护自己的利益，自信地步入投资赛场。

本书和旧版的《投资者的敌人》相比，增加了两个章节总结明星企业和明星投资人的教训，并且着重讨论了明星企业和明星投资人失败的原因。在信息高度不对称的金融市场，虽然造神和追星都是投资者习以为常的现象与行为，但所谓的明星企业家、明星投资人是否真的能无往不胜？这其实是一个非常值得探讨的话题。

归根结底，失败的投资一定源于对风险做出了错误的判断。因此，新版《投资者的敌人》从行为金融学的角度对风险的来源进行了详细梳理。值得强调的是，很多风险虽然来自外部，但它们植根于企业家和投资者的心灵深处。虽然企业家、高级管理者和散户相比，具有明显的优势，但是正如书中指出的，企业家和管理者过往的成功经验很有可能成为其在投资过程中面临的最大的敌人。

本书对过去几年中国金融体系的一些重大变革，进行了回顾和探讨。中国在金融科技领域领先全球的发展，给广大散户带来了很多机会，但是也带来了新的问题和挑战。与此同时，资管新规的推出会根本性地改变很多中国企业家和投资者的投资理念与习惯。如何帮助他们用行为金融学的研究发现调整心态，改变行为，顺应和适应市场变化，也是本书的目的之一。

人生在世，必须不停地在未知和确定、今天和未来、内心和外界之间进行选择。这种选择的本质也恰恰是投资的精髓。根据一些发达国家资本市场的研究，一旦投资者意识到自己在投资过程中的朋友和敌人，就能在一定程度上修正自己的错误，提升自己的业绩。

如果本书能帮助广大投资者，特别是成功的企业家和高层管理者，意识到自己的成功经验和过往业绩很有可能就是自己在投资过程中最大的敌人，进而更好地理解经济金融的本质，同时帮助监管者发现在制定政策的过程中可能面临的陷阱，进而思考如何帮助中国经济金融体系平稳度过转型升级的关键期，就算是实现了笔者助力中国企业家，助力中国企业，助力中国经济改革的初衷。

01

不尽如人意的业绩

即使高水平的机构投资者或者企业,
也会在投资过程中面临巨大的损失。
投资者在考虑投资的时候,必须认识风险。
很多投资者之所以喜欢阴谋论或者战争论,
是因为阴谋论或者战争论可以成为投资失败的借口。

为了损失而投资？

2008年1月24日，法国第二大上市银行——法国兴业银行（以下简称"法兴银行"）发布公告称，其一名交易员的欺诈交易导致银行蒙受49亿欧元（当时约合71.6亿美元）的交易损失。此消息一发布，世界为之哗然，法兴银行的股价随之大跌，其所发行的债券也立即遭到信用评级机构降级。究竟是什么交易让这家历史悠久的著名金融机构在一夜之间遭受如此重大的损失呢？随着事态的发展，人们逐渐了解到更多内情。"魔鬼交易员"热罗姆·凯维埃尔——期货交易部门一位资历尚浅的交易员在交易欧洲股票期货合约时，利用自己过去在后台的工作经验，伪造了天量交易以绕开公司内部风险管理部门的监控。直到其累积的交易金额达到733亿美元（远超法兴银行当时526亿美元的总市值），并由于市场大幅下滑而造成巨额的交易损失后，法兴银行才对他的交易行为有所了解。

数十亿美元的交易损失，听起来触目惊心，但在国际投资界的历史里，这绝非个案。根据国际组织统计，过去20年内全球金融机构共发生过数十起损失超过一亿美元的交易。其中，摩根士丹利在2008年全球金融危机中最大的一笔信用违约掉期交易直接造成公司亏损 86 亿美元。2006 年，美国知名对冲基金不凋之花顾问公司（Amaranth Advisor）在天然气衍生品市场上折戟，为交易失败承担了 65 亿美元的巨额损失。1998 年爆发的 LTCM 危机，使投资者损失 58 亿美元。1996 年，日本住友商事株式会社（Sumitomo Corporation）在交易铜期货时损失 34 亿美元。

中国企业在此过程中也无法独善其身。2008 年，中信泰富有限公司因为交易和澳元有关的复杂累积期权合约而损失 18 亿美元，一度濒临破产，不得不寻求母公司中信集团的救助。2004 年，中国航空油料集团（以下简称"中国航油"）新加坡公司也因为交易石油合约而损失 5.5 亿美元。

基金投资的损失

除了一般机构投资者的巨额亏损和散户不知不觉造成的巨额亏损之外，即使非常有名的机构投资者或者投资大师，也会在投资过程中犯下很大的错误。在 1998 年 LTCM 危机中，虽然公司的管理团队中有两名诺贝尔经济学奖得主和多名名校教授，但它仍然在 1998 年东南亚金融危机到来后短短一个月的时间里不仅遭受巨额亏损，还几乎把全球金融体系拖垮。

此外，投资界大鳄索罗斯也在 1987 年的全球股灾时，因为投资全球股指期货而损失 15 亿美元，进而导致这位全球"金融狙击手"的财富和声誉在很长一段时间里都受到严重打击。最近的例子，是在 2008 年全球金融危机时，因大量卖空和房地产相关的 CDO（担保债务凭证）和 CDS

（信用违约掉期）产品，而获利颇丰的美国对冲基金管理者约翰·保尔森。他在2008年一举为自己所管理的基金赚取200多亿美元的收益，同时获得70亿美元左右的收入，成为对冲基金历史上年收入最高的基金经理。但是，随着2013年黄金价格大跌，他所管理的基金在2013年4月的短短一个月里就亏损10亿美元。

除了基金管理者在二级市场上的损失之外，曾在国内红得发紫的私募股权投资在其历史上也并不总是能够给它们的投资者带来骄人的收益。2007年，全球著名的私募股权基金科尔伯格-克拉维斯集团（KKR）和德州太平洋集团（TPG）联手收购了美国德克萨斯州能源公司，交易总额是438亿美元。这是有史以来规模最大的私募股权收购案例。然而，由于科尔伯格-克拉维斯集团和德州太平洋集团对于宏观经济与能源价格走势的错误判断，收购方过于自信地借了225亿美元的天量债务来完成这次收购。结果，因债务压力和业务提升速度缓慢，这项收购交易给收购方带来了数十亿美元的损失。同样是在2007年，科尔伯格-克拉维斯集团以277亿美元的价格收购了电子支付公司第一资讯（First Data），又是因为收购方借用了天量的债务（230亿美元），导致第一资讯公司在收购完成后的损失高达数十亿美元，科尔伯格-克拉维斯集团的投资损失也轻松超过10亿美元。

除了对冲基金和私募股权基金之外，我们也看到，以美国加州公务员退休养老基金（CalPERS）为代表的美国很多公务员养老金体系，为了能够获得更高的收益，在2008年金融危机之前将部分投资组合投入风险较高的权益类产品，以及私募股权和对冲基金等另类投资产品。在金融危机时，此类风险极高的投资导致那些本该追求平稳安全投资的养老基金遭受了巨额损失，同时给这些养老金的长期保金支付能力造成极大的负面冲击。

企业收购的损失

除了投资机构的投资损失之外，全球的各种企业其实也在通过不断地收购、兼并、重组而进行大量的投资活动。在这一系列投资活动中，很多企业也犯下非常多的错误并遭受了巨大的损失。

20多年前的互联网泡沫时期就曾经发生过多起重大的兼并收购失败案例。2000年发生在美国在线和美国时代华纳公司之间的合并案例，曾经造成了美国历史上规模最大的公司合并损失。新兴的、提供有线上网服务的美国在线和时代华纳合并之后，不但没有帮助时代华纳公司更好地进入互联网时代，反而因为大量的资金浪费、人员流失和整个合并过程中存在的困难，阻碍了两家公司的顺利发展，以致时代华纳公司不得不在10年之后，被迫剥离了合并时收购的美国在线的业务。

另外一起发生在互联网泡沫时期的失败收购案例，就是美国雅虎公司收购美国互联网公司Broadcast.com的案例。Broadcast.com的创始人是马克·库班，现在是达拉斯小牛队的拥有者。互联网泡沫时期，雅虎公司运用自己的股票进行换股，收购了Broadcast.com。当时整个交易估值大概为50亿美元，但该交易的价值事后被外界估计只值一两亿美元。在收购完成之后，成功地把Broadcast.com卖出好价钱的马克·库班因为认识到雅虎公司的股票被高估，所以马上抛售自己获得的所有雅虎公司的股票以锁定收益。但很多跟随库班创业的Broadcast.com的员工因为受互联网泡沫的影响太大，迟迟不肯抛售雅虎的股票，最后白白放走了大笔原本可能获得的收益。

还有一起非常有名的互联网泡沫时期的经典收购失败案例，就是西班牙泰瑞（Terra）网络公司收购美国莱克斯（Lycos）公司一案。莱克斯公司是一家创立于互联网泡沫时期的搜索引擎公司。泰瑞网络公司在2000年以125亿美元的价格收购了莱克斯公司。但4年之后，当泰瑞公司将莱克斯公司卖掉时，却只卖了9500万美元。从125亿美元跌到不到当时收购价值的1%，这是公司收购历史上又一个巨额损失事件。

最近一个比较有名的案例是美国的惠普公司支付110亿美元收购了英国的一家数据分析公司Autonomy。惠普在收购时认为这家公司开展了很多非常有价值的数据分析业务，可以帮助惠普的工作进一步多元化，并进一步推动惠普服务业的发展。但遗憾的是，在收购之后，惠普发现Autonomy公司的很多盈利都是虚构的，存在很多财务造假行为，甚至很多业务根本不存在。在整个交易完成之后的一年里，惠普公司不得不注入88亿美元资金，其中有50多亿美元的损失是因为Autonomy公司在财务上的一些违规行为导致的。此外，还有一项很重要的损失来源，即惠普在收购过程中对Autonomy支付了过高的商誉。由于没有具体业务的支持，Autonomy的商誉其实也没有惠普最初想的那么有价值。从这个角度来讲，惠普公司进行了一个极其失败的收购活动。由此看出，在兼并收购的过程中，无论是公司的高管，还是参与兼并收购的投资银行和会计师事务所，都没能尽到应有的调查责任。结果自然是兼并收购的失败史中又增加了一个让人难以置信的案例。

历史上不乏巨型 IT（信息技术）公司的愚蠢收购案例。1991 年，美国当时最大的电信公司——美国电话电报公司（AT&T）为能够进入计算机领域，花费 70 亿美元收购了美国 NCR 公司，后来这个收购以失败告终。几年之后，AT&T 以 40 亿美元的价格出售了它当初收购的这部分资产。几年的时间里，AT&T 的股东就损失了 30 亿美元。此外，大名鼎鼎的美国微软公司在互联网泡沫时期也犯过类似的错误。该公司在互联网泡沫时期，花了 60 多亿美元收购了 aQuantive 公司。结果，该公司的技术很快就被证明无法有效地帮助微软工作。收购之后两年，微软公司就决定放弃整个 aQuantive 业务，白白损失 60 多亿美元。

随着中国企业海外战略的逐步展开，中国企业在海外收购中其实也多次犯下国际企业在兼并收购中所犯的错误。2016 年，中国超越日本成为全球第二大对外投资国。但是，根据国资委研究中心、商务部国际贸易经济合作研究院发布的报告，中国"走出去"的企业中，仅有 13% 的企业盈利可观，有 24% 的企业处于持平状态，而超过半数的企业的海外收购面临亏损。该报告还指出，在中国企业的海外并购交易中，取得经济效率和良好协同效应的仅有 30% 左右，如果再考虑跨境、跨文化整合等综合因素，中国企业的海外收购可能只有不到 20% 能够真正成功。

根据美国哥伦比亚大学 2012 年的研究报告，中国企业为了成功夺得标的，常常报出高于目标公司正常市场价值的竞标价格，这被海外并购行业冠以"中国溢价"的特殊标签。2008 年"中国溢价"的平均值仅为

10%。到 2011 年，"中国溢价"跃升至近 50%。到 2012 年，三峡集团收购葡电集团的报价相当于葡电股份当日股市收盘价加 53.6% 的溢价，中海油对加拿大尼克森的要约收购价较尼克森的股价溢价 61%，创造了"中国溢价"当年的纪录。更让人遗憾的是，即使在这样"慷慨"的"中国溢价"之下，中国企业仍然未能赢得卖方的青睐。2005 年，中海油试图并购美国优尼科（Unocal）石油公司；2009 年，中海油竞标澳大利亚高庚（Gorgon）液化天然气；2009 年，中铝试图并购力拓矿业集团（Rio Tinto），在这些案例中，尽管中国企业都支付了高昂的"中国溢价"，但收购活动都以失败告终。在中国企业成功完成的海外收购中，也存在大量因为支付过高溢价，整合失败，以及无法和当地监管与劳工组织配合等重大问题。

通过以上案例可以看出，政府、投资机构和企业的专业投资部门在进行投资的时候，也会因为各种各样的原因，犯各种各样的错误。这些错误导致它们在投资过程中遭受巨额损失。笔者希望利用本书，通过这些案例来提醒投资者：虽然散户在投资过程中遭受了巨大的损失，但并不只是散户会面临投资损失，即使高水平的机构投资者或者企业，也会在投资过程中面临巨大的损失。因此，风险和投资是相伴相生的，投资者在考虑投资的时候必须认识到风险。

谁是投资者的敌人

除了投资过程中不可避免的风险之外，国内往往存在阴谋论和战争论的说法，这些人认为外国势力对于中国持有极端敌视的态度，以中国政府、企业和投资者为假想敌，希望通过设计各种各样的创新产品，通过操纵全球金融体系，利用销售某些金融工具的方式，达到遏制中国经济发展，阻碍中国企业国际化，摧毁中国人民财富的损人利己且见不得人的目的。

这些说法不仅非常有煽动性，而且流传甚广。但只要稍微想想，就会发现阴谋论和战争论的说法未必站得住脚。如果从更长的历史发展趋势来看，就会发现各个国家、各国的不同企业，以及各种不同性质的投资者都曾经在投资过程中遭受巨大的投资损失。无论是散户、企业，还是政府，都犯过错误，遭受过损失，这不是中国独有的现象，也不是中国一个国家的资本市场面临的挑战。过去 10 年是中国经济高速发展、财富高度积累的时期。其间，中国投资者的投资需求越来越旺盛，投资活动越来越频繁，这也导致我们对于国内的投资者、企业和政府在投资过程中所遭受的损失特别关注。这无疑会引发一些人采取民族主义的看法来看待这个问题。

其实，如果综观更长的一段人类金融史和更广阔的国际金融体系与资本市场，就会发现，很多国家的政府、企业、国际金融机构和散户，也都曾经反复出现在短期和长期之内遭受巨大损失的现象。美国众多的投资银行、商业银行、保险公司等金融机构在 2007—2008 年的全球金融危机里，几乎遭遇灭顶之灾。有些公司的高管被赶下台，有些公司被其他公司收购，有些公司被政府接管，更有些公司不得不申请破产保护。由此来看，在货币战争和金融阴谋里一败涂地的好像正是战争与阴谋的发起者，这似乎也和战争论、阴谋论的论据大相径庭。所以，至少可以说，即使真的有阴谋和战争企图，也并不一定是少数国家的少数投资者才有，而阴谋和战争的矛头，也并不只是指向中国的政府、企业和投资者。

在进行国际比较之后，我们并不认为中国投资者所面临的投资损失和投资错误是一种特别的阴谋或者战争的后果。那么，我们应该怎么正确地理解全球金融体系里的风险和全球金融体系变化对中国投资者所提出的挑战呢？掌握经济、金融、投资的基本事实和知识，其实是投资者最需要做的事情。事实到底是什么样的？投资的收益可能有多大？投资的风险又有哪些？这些都是一个投资者必须考虑，也必须能回答的基本问题。投资者，特别是中国投资者，该如何面对损失，自己对于投资损失应当承担什么责任，如何进行必要的学习和锻炼，这些都是投资者必须经历的一个漫长甚至痛苦的成长历程。当看到中国企业和投资者在投资过程中遭受巨大损失时，我们是很痛心的。但是，我们同时也希望，投资者在经历损失带来的痛苦之后，会对投资过程中与生俱来的风险有更清晰的认识，也能更准确地把握和管理风险，避免在今后的投资过程中犯类似的错误。如何看待风险，如何规避风险，如何提升自己驾驭和掌控风险的能力，这些是每个投资者必须学习的课程。

阴谋论或者战争论带来一个很大的问题，就是让投资者产生了敌对心态：对投资敌对，对金融敌对，对其他投资者敌对，对国际资本市场和国际金融体系敌对。由于形成了敌对的心态，中国企业在和海外企业沟通的过程中，中国投资者在和海外投资者沟通的过程中，中国政府在和海外政府沟通的过程中，前者都可能采取某些先入为主、不开放的孤立态度。这会影响中国投资者、中国企业、中国政府与国际投资者、国际投资界、各国政府的交流。

只有通过更坦诚、更透彻的交流，投资者才有可能做一些双赢的项目，各国政府才能提出建立新的全球金融秩序的思路，帮助全世界的国家和人民获得更多利益，同时规避全球金融系统的风险。只有增加沟通，才可能减少国家之间在贸易或者投资过程中的摩擦，减少对资本流动的限制，也才能更好地引进比较成熟先进的投资理念和投资工具。这对于开放中国的资本市场，促进资本流动，同时提升人民币在全球金融体系中的地位，促进全球金融体系的重建和全球金融秩序的重塑，都会有所帮助。这种开放的心态和沟通的姿态，对于中国整个金融体系的发展非常重要。反之，如果我们采取阴谋论或者战争论的态度，便会下意识地关闭沟通渠道和合作方式，同时也会阻碍中国经济和金融进一步融入全球经济和金融体系的进程。

阴谋论和战争论还存在一个很大的问题。如果我们把自己的所有投资损失或者面临的风险都归咎于敌对势力的阴谋或者敌对势力妄图挑起战争，就会降低我们的投资者、企业、政府机关对风险防御的意识，同时也会降低这些群体对于投资的关注度。如果我们的投资者觉得不管自己做什么，都是被别人算计，或者都是被别人设计的阴谋控制，那么无论是个人投资者、企业投资者，还是政府投资者，都会觉得自己不用对投资或者投资损失负责。只要出现风险和损失，就会将其归咎于国外敌对势力的恶意中伤或者阴谋算计。如果情况真是这样，我们的投资者就不会对金融的本质、投资的原理、风险的来源、收益和风险之间的权衡给予高度关注。

在此前提下，投资者反而会对自己的投资决定不负责任。如果我们在用自己的资金进行投资时，都不能对自己的行为负责，不能对风险进行尽职调查，不能对损失或者危害因素有充分的理解与规避，那么我们的投资当然不能带来很好的收益，甚至会遭受重大的损失。从这个意义来说，很多投资者喜欢阴谋论或者战争论的内在原因恰恰在于，阴谋论或者战争论可以使他们心安理得地推脱自己投资损失的错误与责任。这样的行为对提升自己的财富和投资组合的收益没有任何帮助。

这一点恰恰是笔者希望能够帮助投资者意识到的问题。无论是谁的阴谋，无论是谁发起的战争，只要自己能够进行充分的防御和准备，我们就可以对自己的投资真正负责，至少可以保证自己的本金不受损失。同时，我们的投资者可以在资产保值的基础上，与其他国际投资者或者多元化的投资者合作，共同获得投资回报和收益。笔者希望通过这本书，扭转国人对于金融和投资的神秘化、妖魔化、战争化的看法，能够帮助投资者（无论是个人投资者、企业还是政府），更好地把握现代金融的理念，增强投资和风险意识，以达到提高金融决策能力和提升投资收益的目的。

企业家：特别而又普通的投资者

笔者曾在 2014 年出版的《投资者的敌人》一书中指出，广大投资者，尤其是散户蒙受损失的一个重要原因，是其自身的行为偏差和投资错误。很多散户身上的偏差都和他们的过度自信有关，散户对信息的准确性、自己的投资能力、自己真实的投资收益的判断都有过度自信的倾向，这使得散户的交易过于频繁，收益却不尽如人意。

那么，面对自己的行为偏差，公司高管又做得怎么样呢？一方面，企业家和公司高管大多是过五关斩六将，从公司基层做起来的。他们不但对公司的情况非常了解，而且在成为公司高管之前已经历无数磨炼，因此对于决策过程非常熟悉，也非常明确自己要达到的目标。另一方面，古语有云："人非圣贤，孰能无过。"CEO（首席执行官）也不例外。其实，由于CEO的特殊地位，他们的过度自信的程度和倾向很可能比散户有过之而无不及。本书通过总结大量研究说明，虽然企业家和公司高管比普通投资者的金融素养与投资经验都丰富很多，但是其成功经历反而有可能成为其过度自信和草率行事的直接原因。

值得指出的是，虽然公司高管和很多其他投资者一样会表现出一些行为上的偏差，或者过度自信，但与此同时，公司高管和普通的投资者相比还是有很多优势的。首先，公司高管确实在专业知识方面比一般投资者有明显优势。例如，高科技企业的高管对于高科技企业的技术和赢利能力，以及行业今后的发展，都有比较清晰的分析和看法。其次，公司高管和一般投资者相比还有一个很大的优势——可以直接控制公司，对于公司的整体运行等有更大的掌控力和影响力。

正因为如此，公司高管在很多时候会利用自己对于公司的掌控，达到个人利益和收入最大化的目的，而非全体股东长期利益和收入最大化的目的。过去几十年，发展迅速的上市公司的高管的薪酬快速上涨，在职消费明显提升，以及其管理的企业的投资风险逐步增大等现象，其实都是上市公司高级管理人员通过对上市公司的实际控制，达到提升自己的财富和收入，而让股东买单的结果。这一发展趋势，既值得很多上市公司的大股东和董事会思考，也值得广大二级市场的机构投资者和个体投资者高度关注。

公司高管除了通过高薪和在职消费给自己提供满足感之外，还有一个巨大的优势，就是他们更加熟悉资本市场的运作。相比之下，散户对于资本市场和资本运作并不十分了解，因此，高管可以利用他们的信息优势和熟悉公司进行相关运作，通过上市发行新股、发行债券、回购公司股票、高送转和分拆股票，以及更改公司名称等方式提升公司市值。这种运作很多是短期策略性的行为，能够达到在短期内吸引投资者眼球，或者满足投资者心理的诉求。与此同时，高管进行资本运作的最终目的，是提升公司在投资者心目中的地位和受欢迎程度，并最终提升股价。遗憾的是，这些短期资本运作手段，虽然确实可以在短期提升公司的股价，但有时短期的股价上涨会影响公司的长期发展和股东利益，更会影响广大散户在中长期的投资收益。

由此可见，企业家和公司高管是一群既特别又普通的投资者。之所以说他们特别，是因为他们具有丰富的管理经验和投资经验，对于企业和投资都有自己独到的见解与看法。同时，他们通过控制企业，在和资本市场与投资者互动时，处于相对主导和强势的地位。

大量研究也表明，正如广大投资者难以摆脱"动物精神"的影响一样，广大企业家和企业高级管理人员也是鲜活的有血有肉的人，也会犯很多其他投资者都会犯的错。此外，很多企业家虽然在自己的领域是专家和内行，但是在自己的企业和行业之外，可能和普通散户没有什么区别。而且，正是因为其管理经验和骄人的业绩，很多管理者反而更加自信，更加漠视自身的偏差和局限，犯一些甚至连普通散户都不会犯的错。本书的一个主要目的，就是帮助这些特别而又普通的投资者意识到自身的优势和不足，改善自己的投资决策，提升自己和自己管理的企业的投资业绩。

行为金融与投资者的朋友

投资者为什么会蒙受损失，归根结底是因为市场的波动。但正如凯恩斯所说，关于股票市场，我们唯一有绝对把握的就是它会波动。股市不仅波动，而且波动的幅度远远大于基本面的波动所能解释的幅度。根据2013年诺贝尔经济学奖得主、耶鲁大学罗伯特·席勒教授的研究，美国股市的估值相对于基本面而言波动率巨大。在1970年美国经济出现滞胀、股市大幅下跌之前，整个股市的估值和基本面的估值相比，几乎高出100%。而在1929年股市崩盘和20世纪30年代美国大萧条时期，美国股市的估值比基本面的估值要低30%左右。资产价格的大幅度波动，本身就在一定程度上解释了为什么美国股市在1970年会出现大熊市，也解释了为什么在2009年9~10月美国股市会在短短两个月里下跌50%。

看看我们的日常生活，大家都觉得整个社会还是消耗这么多食物，还是住这么多房子，还是买这么多汽车，很难理解为什么股市会出现这么大的波动。究其原因，这在很大程度上与全球经济的泡沫扩张和经济危机有紧密联系。经济泡沫或者资本市场泡沫是自资本市场出现之后一个普遍存在的现象。那么经济泡沫为什么会形成？经济学家到现在也没有一个完全准确的解释。正是因为经济学家对于经济周期和经济泡沫没有完全准确的解释，才导致经济危机和泡沫的频率在过去二三十年里不是越来越低，而是越来越高。从20世纪80年代开始，1987年爆发全球范围内的股灾，1990年爆发美国存贷协会（Savings and Loans）危机，也就是小型房地产危机，1997—1998年爆发拉美和亚洲金融危机，1998—2000年爆发互联网泡沫危机，然后是2008年由美国房地产引发的全球金融危机和2009年的欧洲主权债务危机。在过去的三四十年里，全球经济每过四五年就有一次危机。为什么我们会有这么多的泡沫？恰恰是因为投资者的贪婪和恐惧，换句话说，投资者的"动物精神"制造了一个又一个泡沫。

正是由于传统经济学对于个人、厂商和投资者的完全理性的假设，以及建立在这种假设之上的新古典经济理论对于这些经济和金融市场中的重大问题难以提供很好的解释，催生了行为经济学和行为金融学在过去二三十年的爆发式发展。

自20世纪70年代以来，丹尼尔·卡尼曼、阿莫斯·特沃斯基、弗农·史密斯、理查德·塞勒、罗伯特·席勒等学者开始在各自的领域里对决策者的理性行为假设提出了质疑。这种质疑，直接反映了经济学和金融学进一步借鉴其他学科的研究进展的强烈要求，以及其他社会科学推动经济学和金融学进一步发展的巨大贡献。行为经济学和行为金融学的成功在很大程度上得益于经济金融理论与心理学的紧密结合。

心理学研究对行为经济学和行为金融学的一个重要启发就是经济人在决策制定过程中会表现出一些系统性偏差。这些偏差会影响经济系统中的所有参与者，也会影响资本市场里的所有投资者。从宏观层面来讲，市场参与者的非理性有可能带来经济周期和经济危机；从微观层面来讲，投资者和金融机构的非理性，有可能带来投资领域的泡沫和崩盘。人类行为，这一亚当·斯密非常看重的经济学核心问题，因为行为经济学和行为金融学的发展，又回到了经济和金融研究的主要视域。

在行为经济学发展了一段时间之后，现代金融学也开始对资本市场中的决策者在决策过程中的非完全理性行为给予关注，从而促成了行为金融学领域在过去20年的爆发式发展。通过资本市场提供的丰富数据和案例，行为金融学在过去一段时间对于经济学、社会学、心理学和法理学也做出了重大贡献。

行为金融研究表明，散户、机构投资者、上市公司、私营企业、政府机关和监管机构都会受不同行为偏差的影响，也在金融和投资决策中暴露出不同的局限性和错误。因此，如何对待个人和机构的行为偏差，以便纠正自己的错误，改善自己的金融决策，提升自己的决策质量和投资收益，就成为行为金融研究可以对广大投资者、企业管理者、市场监管者和政府机构做出的一个重要贡献。

作为一名行为金融学者，笔者希望通过本书帮助各类投资者更好地认识和了解自己，更好地了解金融和投资，以及企业经营背后资本市场与公司金融的原则和原理。投资者只有更好地了解自己，了解自己行为和决策的误区与局限性，了解自己在投资过程中面临的不同风险和挑战，才可能有效地改善自己的投资决策并提升投资业绩。投资界有句老话——投资者最大的敌人是贪婪和恐惧，笔者觉得这可能不仅反映了普通散户的心理，而且也反映了企业家和企业高层管理者在企业管理与投资过程中普遍存在的误区，即对自己和投资的了解普遍缺失。因此，笔者希望利用本书，和广大读者，特别是企业管理者和政策制定者分享行为金融学在全球取得的研究成果，并把这些全球性研究成果和中国的实际情况相结合，提出一些建议，以帮助中国的企业家、政策制定者和广大投资者更好地认识自己，更好地认识自己的投资理念、投资策略和投资误区，从而获得更好的投资收益。

02
麦道夫的教训

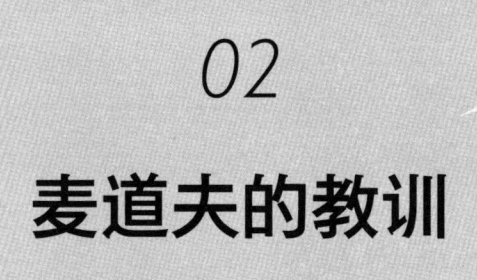

投资者一定要尽可能了解投资对象,意识到投资存在风险。
风险可以是别人的风险,但财富是自己的财富。
无论预期收益如何诱人,投资者一定要提升风险意识,
对于高风险的产品,应浅尝辄止,多元投资。

2008年秋，全球正深陷金融危机。某天，媒体突然爆出一则消息——美国出现了资产管理行业历史上规模最大的欺诈案件。这一案件，再一次提醒世人，机构投资者并不永远是投资者的朋友。即使在相对简单、相对透明的资产管理行业的买方机构中，因为市场的风险与波动，机构投资者的职业操守和专业水平，以及信息的不对称和投资者技巧与风险意识的缺乏，也可能引发重大投资损失，并给投资者带来不堪承受的结果。

这一案件的当事人麦道夫是一位70多岁风度翩翩、文质彬彬的老者。从20世纪60年代起，他一直从事资本管理工作，在业界颇有影响力。麦道夫最早是做市商，为早期在纳斯达克上市的科技股，像微软、苹果、网景这样的公司提供流动性，帮助它们交易。他不仅在商界做得很好，也热衷于社会活动和公益事业，是纳斯达克股票市场公司的前董事会主席，相当于我国交易所董事长的级别，还担任过美国证监会顾问等备受尊敬的职位。

麦道夫从20世纪60年代开始，就成立了投资证券公司，提供经纪业务。后来，他申请了代客理财的牌照，专门为高端客户提供资产管理服务。

美国在经历1929—1933年的大萧条之后，发现本国金融管制和金融系统很不健全，于是通过了几项重要法案，其中有著名的《美国1934年证券交易法》(以下简称"《证券交易法》")。在此基础上，美国还创立了美国证券交易委员会。《证券交易法》监管的是证券交易行为，比如必须披露信息，不能操纵股价，不能发布虚假或者有欺诈行为的信息。此外，美国于1940年还通过了一项法律——《投资公司法》，相当于国内的《证券投资基金法》，它规定了如果为别人理财，需要什么资质，需要披露什么信息，以及可以做和不可以做的事情。比如在美国，基金公司不可以买5元以下的股票，也不能买信用评级BBB以下的垃圾债券，因为它们可能是小盘股或垃圾股。

麦道夫做了什么坏事呢？他在2008年的圣诞节前夕告诉他的两个儿子，自己的生活其实是一个巨大的谎言，他其实一无所有。他在过去二十多年一共吸收了600多亿美元资金，但是只进行了不超过20次的交易。他的这种行径让人吃惊，他拿了投资人的钱根本没有进行投资。这和中国的吴英案还有所不同。吴英把资金吸进来后，至少还进行了投资，甚至是不错的投资，投资的很多资产都升值了。而"老麦"先生吸收了600多亿美元，相当于今天的3000多亿元人民币，比中国最大的公募基金的规模还大，放在手里二十多年却什么都没干。一个人怎么可能在二十多年间吸收了600多亿美元，但一直没有被揭露呢？

丑闻曝光后，美国证券交易委员会和司法部对麦道夫提起诉讼。结果，麦道夫被判了150年有期徒刑。在他公司工作的员工，大多是他的亲戚（兄弟、侄子等），他们也都被判了不同刑期的监禁。马萨诸塞州、康狄格涅州、纽约州都对麦道夫提起了集体民事诉讼，追究商业赔偿，一共向他索赔几十亿美元。但他已将钱以投资分红的方式还给了原来的投资者，已身无分文。大多数受牵连的投资者从那600多亿美元的基金里只能拿回10%左右。

此外，多家欧洲大型银行、美国著名大学的校友捐赠基金和社会知名人士，都遭受了沉重的财务打击。还有一些人不仅损失了财富，还搭上了自己的性命。有两个母基金管理人把很多资金投在了麦道夫的基金里，而丑闻让他们损失了绝大部分的资金，他们无法面对自己的投资者，因而选择自杀，结束了自己的生命。

从投资者、基金管理者、监管者的角度来看，怎么会让这么大规模的欺诈事件在最发达的西方资本主义国家持续了二三十年（我们会在第4章，详细分析为什么会出现该丑闻）？无论是美国证券交易委员会系统，还是国会，都觉得出现这种情况不可理解，也不可容忍。

在众多非法集资案中，人们或多或少听过"庞氏骗局"的说法。这是一种最古老、最常见的融资诈骗手法，它在很大程度上与泡沫联系紧密。由于人们没有遵守最基本的投资理念或者原则，泡沫就产生了。

"庞氏骗局"源自意大利一个叫庞兹的商人，此人虽然看起来其貌不扬，但在意大利却让4万人上当，诈骗金额高达1500万美元，这个骗局的核心手段就是借新债还旧债。

同理，为什么人们愿意把钱投给麦道夫？因为他承诺较高的收益率。对麦道夫而言，只要资金链不断，就可以把后面投资者的钱还给前面的投资者。只要后面的投资者足够多，麦道夫就可以在不做任何投资，也不获得任何投资收益的情况下，源源不断地吸收新的资金，同时给现有的投资者提供丰厚的投资回报。在1720年英国南海泡沫事件的时候，南海公司做得其实是同样的事情。第一次发行股票时每股200英镑，第二次发行股票时每股300英镑，第三次发行股票时每股400英镑，最后达到每股950英镑，同时许诺给这些投资者30%的收益率，所以英国最有钱的人和像牛顿这样聪明的人都忍不住投身其中。历史是如此惊人地相似。

无论在国内，还是国外，无论是发达国家，还是发展中国家，为什么投资者一次又一次地落入"庞氏骗局"？贪婪是一个主要原因。看到30%的收益率，很多人难以拒绝这种诱惑。美国之前也爆发过多次"庞氏骗局"，为什么麦道夫还能成功地行骗二三十年？他最大的创新之处在于，和之前的各种"庞氏骗局"大肆宣扬自己的高收益不同，他非常聪明地号称自己业绩一般，但有非常丰富的投资经验和良好的投资策略，能够保证业绩稳定，即每年获得10%~15%的收益。

回顾过去二三十年，为什么另类投资，无论是PE（私募股权投资）、VC（风险投资），还是对冲基金、信托理财的发展速度，都比传统意义上的资产管理和公募基金快很多？这在很大程度上就是因为另类投资对于风险的掌控能力能够帮助投资者获得更稳定的投资收益。人类规避损失的行为方式决定了有钱人有钱之后必然先想守富再想继续创富。由于人类的思维定式，很多高净值人群在投资的时候，首先考虑的是保护自己，不丧失自己的财富和美好的生活。因此，他们会把投资收益的稳定性和规避损失放在首要位置。

作为传统投资，我国A股市场的年化收益率在18%左右，但是年化波动率为45%。也就是说，投资者承受损失的可能性很大。与此同时，社会上有很多理财产品和信托计划，虽然年化收益率只有8%，但较为安全，对于某些投资者而言无疑是极具吸引力的。人生不同阶段的风险偏好也有所不同，年轻的时候愿意多冒点儿险、多赚点儿钱，等到事业有成，有了一定的财富之后，投资收益稍微多一点儿或少一点儿，都远不如保住现有财富和生活方式重要。

正因为洞悉了投资者的偏好，麦道夫在二三十年里成功地宣传了自己的基金。其一，他给人的印象是不差钱，不像有些投资者着急吸收投资。他从不急于向别人介绍自己的策略或夸耀业绩，直到别人问起他是做什么工作的，他才回答是做投资的，然后才谈谈业绩情况。其二，他非常愿意做慈善工作。在犹太人的圈子里，他把自己打造成一个受人尊敬的慈善家，让很多人好奇他的主业。可以说，他是利用了自己的慈善家形象来宣传自己的投资业务的。其三，他也成功地掌握了苹果计算机的"饥饿营销"策略。在麦道夫东窗事发之前10年左右，他很少向自己的投资者要钱。同时，如果有投资者想把钱交给他投资，他一般会说，因为业绩太好，管理规模已经很大，现有产品已经关闭。这种"饥饿营销"策略在投资界看来很有效果。很多投资者都是在争取了多次之后，才成功把资金投入麦道夫的基金或母基金。由此可见，很多投资者在考虑投资时，对基本的投资策略和收益并不那么关心，倒是更加关注基金管理者的形象和社会地位。

无独有偶，艾伦·斯坦福的欺诈交易与麦道夫十分类似。为什么这种欺诈行为会集中在一段时间暴露？由于2008—2009年的全球金融危机导致资产价格大幅下跌，流动性枯竭，这些骗局才被拆穿。巴菲特曾在互联网泡沫破裂后说过一句经典的话："只有在潮退的时候，我们才知道谁在裸泳。"当中国货币供应量以每年12%的速度增长的时候，大家都是非常有水平的投资者，都能获得不错的收益。等到有一天，当国内的货币供应量增长速度低于10%的时候，才能看到哪些投资者对于风险和经济走向有更加深刻、准确的理解与判断。

下面，笔者就麦道夫的证券欺诈丑闻，从风险管理的几个不同的角度探讨一下在美国相对成熟的资本市场里发生丑闻，并持续二三十年的原因。其间，麦道夫交易次数有限，却吸引了越来越多的客户和资金，为什么会出现这种情况？

监管的缺失

麦道夫事件首先折射出监管的漏洞。在美国，证券投资欺诈并不是什么新鲜事儿。1929年大萧条开始的时候，就出现了许多不同形式的证券欺诈行为。为了遏制这种大规模的证券欺诈行为，美国在1933年推出了几部法案，在全球都具有划时代的意义，包括之前说的《证券交易法》《投资公司法》，另外还成立了美国证券交易委员会，以期达到保护投资者利益的目的。

麦道夫的教训

在社会变化的前提下，监管层更关注可以影响大众生活的投资产品，比如公共发售产品（公募基金）。如果机构向社会大众发售产品，就必须受到监管。为了保障广大不太具备金融知识的投资者的利益，在投资的时候，公募基金必须面对各种各样的限制（投资股票的价格，投资债券的信用评级，不能进行大量的融资融券和衍生产品交易，等等）。同时，公募基金必须及时准确地向监管层披露整个投资策略和投资风险。

即便这样严格的监管体系，也有一个故意且明显的缺口，留给提供另类投资（对冲基金、私募股权基金、高净值人群的私人投资办公室）的管理公司。在美国，对于面对少数高净值人群和机构投资者的私募投资产品与公司，并没有清晰的信息披露或者风险管理要求。由于私募基金会采取一些隐秘的交易策略，其运作往往在监管层的监管范围之外。这也是为什么私募基金（例如，1998年爆发的LTCM危机）时常会引发金融市场的动荡。在麦道夫丑闻爆出之后，美国国会和证券交易委员会要求新成立的私募基金必须在美国证券交易委员会备案，披露重要的信息。但那些已经存在的，而且不再向社会吸收新的资金的私募基金公司，仍然不受新立法的限制和要求。正因为监管环境相对宽泛和保护隐私，对冲基金领域才时常出现欺诈投资者的丑闻。监管层对于关键信息没有提出强制性的披露要求，这给麦道夫之流留下钻空子的机会。

麦道夫事件对于我国目前的《证券投资基金法》是否该把PE和VC纳入监管范围有非常重要的经济与法律的借鉴意义。把对冲基金和私募股权基金纳入严格意义上的监管体系有很大的好处。比如，法律要求每三个月要把持仓信息向监管部门披露，包括对冲基金的策略、仓位、头寸和风险，这样便有利于保证投资者的收益、金融市场的稳定，也有利于保证投资者的利益不会受到侵犯。

但是，这种披露要求也会给社会带来成本和风险。如果要求对冲基金公布交易策略和操作信息，就有可能导致基金的核心竞争力流失，可能有越来越多的基金参考其策略，导致这家基金逐渐不能获得优异的业绩。而等到市场上所有基金都掌握了这一策略之后，该基金的优势基本上就没有了，对冲基金这个行业也有可能逐渐衰败。

在笔者看来，监管和金融创新是一枚硬币的两面。如果监管层对私募基金提出和对公募基金同样的监管要求，直接的后果就是私募基金的业绩和风险也会越来越像公募基金，整个社会、所有投资者就会失去宝贵的分散风险和获取更高收益的机会，所以加强监管并非一劳永逸的灵丹妙药，而必须巧妙地把握创新和风险管理之间的平衡。

鉴于人们渐渐认为以对冲基金和私募股权基金为代表的另类投资是一种与股票、债券走势不同的资产类别，它们可以有效地帮助一些投资者分散系统性风险，所以，必要的信息披露是毋庸置疑的。但是，具体什么信息必须披露，披露到什么程度，信息披露的频率和保密程度，都必须慎重决定。否则，有可能不仅无法帮助投资者规避风险，反而会强迫投资者承担更多的系统性风险。

猫和老鼠

监管层和市场参与者一直在玩儿猫和老鼠的游戏。监管层如同猫，市场参与者就像老鼠。别看老鼠个子小，它也有很多优势。具体而言，和商业机构相比，监管层有三个明显的劣势或者局限性。

第一，政府机关并非以实现利润最大化为主要目的，这导致政府机关在运行的时候无论是从效率还是动机来讲，都不像商业机构那么强烈。商业机构可以请最好的人，付最高的工资，用最快的速度解决问题，同时可以把需要隐藏的一些不良资产，通过较高深的会计制度，比如像苹果公司在海外发行的债券一样，进行比较好的处理。但是由于政府机关的资源相对比较紧张，且整个运行机制受到的约束相对比较多，因而在这场游戏中，政府机关总是相对处于劣势的地位。

第二，从资源上来讲，政府机关和私营企业不可同日而语，至少在海外市场如此。私营企业无论工作环境、薪酬，还是人员培养和投入都超过政府机关。于是，竞争的时候，政府机关往往处于劣势的地位。还有很多优秀的人会先到政府部门工作，在建立人脉，获取资源和经验之后，转身进入私营企业，提升自己的收入。他们对政府机关的运营方式非常了解，并且能在私营企业的运营过程中活学活用。

第三，在信息方面，政府机关和私营机构相比，处于相对劣势的地位。很多公务员可能放弃政府工作进入企业，帮助企业更好地了解政府机关的运作方式，但是少有私营企业的员工放弃比较高的薪水到政府机关工作，因此政府机关不能清楚地了解在商业机构里面究竟发生了什么。

以上三个劣势，解释了为什么政府在监管商业机构的时候往往力不从心。

公司治理

当然，即使在这样一个监管框架下，麦道夫能把自己的投资历程持续二三十多年，也并非易事。历史上，美国纽约州的州立律师和麦道夫的一些投资者曾经不止一次向监管层提出各种各样的质疑，认为麦道夫的投资收益有不可信的地方，希望监管层对麦道夫进行调查。那么麦道夫是怎么绕过这些调查，为什么没有被监管层发现呢？无论是纽约州政府，还是美国证券交易委员会都曾经对麦道夫进行过多次调查。美国证券交易委员会主要的解释是人力有限，在这家以律师为主（80%的人都是律师）的机构，如果用现有人力调查上市公司，那么连10%的上市公司都调查不了。所以人力的缺乏就导致了一个最致命的问题——没有一个监管人员真正去过麦道夫的公司。监管人员如果实地调查一下，就会发现麦道夫的保险箱里只有很少的交易记录，他的办公室相当干净，据说仅有几台计算机和一个保险柜，保险柜里只有几张纸，其他什么东西也没有。如果实地调查一下，可能就会发现这个问题，但是没有人问这个最简单的问题："你的钱在哪儿？"

还有就是缺乏公司治理。麦道夫的两个儿子、一个兄弟，以及他的侄儿都在他的公司工作，他的兄弟是首席法律顾问，所以整个公司基本就是一个家族企业，没有任何主营业务，无所谓谁来监督他，也没有谁会揭发他。也就是说，没有"吹哨子的人"。

美国曾通过《吹哨人法案》。"吹哨子的人"就是公司内部的告发者。比如，公司内部的工作人员如果告发了这家公司的违法行为，可能会受到公司各种各样的打压，会遭到解雇，受到公司的报复。所以法律规定，如果公司内部有人"吹哨子"，引起人们对于某种违法行为的关注，政府将担保告发者避免受到一切人身或财务上的风险和危害。如果有投资者因为告发行为发起集体诉讼，公司在此基础上进行赔付之后，"吹哨子的人"会拿到赔付总额的一定比例，这是对其勇敢行为的一种奖励。但是对于麦道夫公司这种小规模的家族企业来说不会出现这种情况，因为它完完全全是一个家族企业，所以没有治理上的制衡和保护。既没有外部的职业经理人，也没有"吹哨子的人"，难怪欺诈行为会持续这么久。

审计的缺失

每年，审计部门至少应该向投资者提供一份经过审计的报告。麦道夫对法律非常熟悉，毕竟他曾任纳斯达克公司的董事会主席，肯定是知法的。于是，他找了一家极小的审计师事务所，该事务所只有三名员工：一个人78岁了，常年住在佛罗里达州，已退休；一个人是秘书；一个人做审计。这家公司记录在案的数据显示，其15年没有做过审计业务，但愿意给麦道夫盖这个章。

虽说审计师是投资者的"看门狗"，尤其对上市公司来说，审计至关重要，但是无论在国外，还是在国内的审计报告里，都有一个趋势，即审计师给予公司的支持报告和华尔街分析师给予的推荐报告一样，都是越来越多，而与公司管理层意见不一致的情况越来越少。

这主要还是利益的驱使。越来越多的会计师事务所在权衡自己的会计报告的公允性和商务需求时，经常面临痛苦的抉择。上市公司或者被审计公司只给事务所一条路，如果不按它们的说法去做，它们就会换一家会计师事务所。所以审计不只是提供公正的第三方信息，同时也是一种商业服务。从这个角度来说，无论是审计的标准，还是信息披露的标准，全球都存在竞争，这样才能获得更多的业务，但要以牺牲广大投资者的利益和企业的长期声誉与商业价值为代价。在2007—2008年全球金融危机之前，全球三大信用评级机构给予大量有毒资产和持有有毒资产的金融机构AAA级的最优信用评价。这些信用评价不但最终摧毁了大量金融机构和股东的财富，也几乎摧毁了这些评级机构过去一个世纪以来建立的声誉和全球金融体系。可见，这不只是中国市场中存在的问题，在全球范围内也普遍存在。

了解世界的金融市场和金融体系确实重要，因为它们可以帮助我们了解哪些情况和趋势是中国独有的，哪些情况和趋势是全球共存的。至于它们背后的原因和驱动力，有些可能是共性的，是全球经济和技术进步带来的趋势。与此同时，了解哪些情况和趋势与我国具体政策、法规及国情有关，正确对待全球和中国自身的挑战与问题，有利于我们更准确地看待中国发展所经历的特殊阶段，解决我国当前面临的问题。

母基金的推波助澜

基金公司通常不会主动销售自己的产品，而是通过私人银行、财富管理公司或一些中介机构提供基金销售服务。这些中介机构有时可以帮助投资者买到平时买不到的基金。笔者认为，我国的相关行业也会很快发展到这一步。在美国，像著名的索罗斯的基金、SAC基金（也曾因内幕交易被调查）、文艺复兴基金，常年对普通投资者不开放，只有和这些基金长期合作的母基金可以继续投资，所以民众可以通过一些母基金进行投资。当然，这项服务并不是免费的，它们往往会向投资者收取1%的管理费和10%的业绩提成。

当时，对专门给麦道夫的基金提供资金的母基金有许多报道，甚至比对麦道夫本人的报道还多，其中最著名的就是母基金费尔菲尔德·格林尼治集团（Fairfield Greenwich Group）。该集团位于美国康涅狄格州南部，所在地区的平均家庭收入是美国最高的。格林尼治集团专门做高净值的财富管理业务，公司的负责人沃尔特·诺埃尔原来在花旗银行工作，他的太太来自一个显赫的瑞士家族。公司只有一个合伙人，曾经在美国证券交易委员会调查部门工作。该公司的主要工作基本由沃尔特掌控。沃尔特夫妇5个美丽的女儿都嫁给了世界不同大陆上声名显赫的成功人士，他们共同创立了多只帮助投资者投资的母基金。那么格林尼治集团在经过一番"调查"之后，会决定投资哪只基金呢？正是麦道夫掌管的基金。这家公司较早地投资了麦道夫的基金，两者关系良好。随着麦道夫在行业内的口碑越来越好，大家都想把钱投到他的基金里，在别处买不到，便只能通过母基金投资麦道夫的基金。

母基金本身并不做任何基金管理和投资业务，它的主要职责有两个：第一，提供资金，把投资者的钱投到想投的公司；第二，对这些基金进行监管、调查、分析，向客户推荐应该购买的基金。对于这两种服务，母基金往往要征收 1% 的管理费和 10% 的业绩提成，如果一个高净值的投资者通过一个母基金投资给一个基金管理公司或私募基金，要支付 3%~30% 的费用。所以私募基金再怎么有吸引力，扣除交易管理费用和交易费用之后的净收益与原来的总收益之间往往有很大的差距。净收益才是投资者真正获得的收益，其他的就都拱手送给华尔街了。美国曾有一项学术研究，通过一个很复杂的数学模型证明，如果时间足够长，全世界的财富都会流到华尔街，因为所有人的钱都会让它去管理，雁过拔毛，最后所有的钱就会流向金融行业。

沃尔特家族给麦道夫提供了多少钱呢？在麦道夫的 600 多亿美元资金中，这家管理公司提供了 150 亿美元。虽然麦道夫非常低调谦和，但是沃尔特家族在美国康涅狄格州南部是社会名流，经常举办奢华的派对，融入当地社交生活。可见，金融欺诈犯罪往往不是特别高调，就是特别低调，这两点在麦道夫的案例里面都有所表现。

投资者的风险意识

对于前 10 年将资金投入麦道夫基金的人来讲，每年 10%~15% 的收益率，每 6 年翻一番，每 12 年翻两番，一美元变成四美元，自然是快事一桩。但是作为投资者，一定要保证自己不是最后一个接棒的人。因为最后一个接棒的人，不但可能无法获得任何收益，而且连本金都有可能收不回来。法院在清算麦道夫的资产后发现，最后两年投资麦道夫基金的人只能拿回 10% 左右的本金。

02 麦道夫的教训

这又回到前面谈到的投资风险和泡沫形成的问题。如果投资者不知道收益从何而来，不知道泡沫在什么时候会破裂，那么是否投资某个资产或者什么时候斩仓出局在很大程度就取决于个人的风险偏好。如果知道泡沫迟早会破裂，但没人知道是今天还是明天，大家就应该采取逆向思维，即如果我觉得它一年后会破产，我半年之后就要把钱拿出来；如果半年后要破产，我现在就要把钱拿出来。因为泡沫破裂的速度之快和时间之早往往超出很多人的想象。这也是为什么风险防范意识对于投资者特别重要。

那么从风险的角度来看，麦道夫丑闻带给投资者哪些教训呢？我之前带领加州大学的学生访问巴菲特的时候，他一直在讲他那句老话："我对投资者有两个建议，第一，不要赔钱；第二，永远记住第一句。"当然，巴菲特还说了一句名言："不要投资你不懂的东西。"但是笔者也在投资自己不懂的东西，这很难杜绝，因为我们都有过度自信的倾向，虽然有时我会觉得像自己这样一位金融教授，连投资这点儿小事也摆不平？但是很多时候，现实情况就是摆不平。

投资者一定要尽可能了解投资对象的生活方式、交易记录和一些最基本的文件，不要把钱投给你尚未充分信任的人。很大程度上，麦道夫并不是一个很优秀的投资者，但他是一个非常好的公共关系维护者。他是一个老人、优秀的高尔夫球选手、积极的民主党赞助人，还是叶史瓦大学的重要校董和整个大学校友基金的管理者。他有个孩子的骨髓出了问题，他就为整个美国骨髓研究机构捐赠了大量资金。他做了很多好事，所以在社区里有非常好的声誉，但他唯一不擅长的就是投资。如果我们要投一个项目，或投一只基金，就要问问它的管理团队如何、过往有什么经历、采用过什么策略、审计师是谁、监管人是谁、其他投资者是谁。千万不要因为面子不敢喊出来："国王其实什么衣服都没有穿。"

当然，还有些时候投资者并非碍于面子，而是贪心。比如当面对某些民间借贷许诺每年百分之三四十的收益率，或者像麦道夫那样保证每年百分之十几的收益率时，投资者必须要进一步思考，什么样的资产能够维持这样的收益。综观历史，全球股票年收益率为 10%~15%，但是投资者必须面对比较大的波动率。债券类的投资相对比较稳定，但年化收益率只有 5%~6%。其他收益，或者来自一些偶发的市场机会，注定难以持久；或者是通过承担某种风险获得的。虽然这种风险可能当时还不为人所知，难以用量化模型估算，也可能已经通过复杂的金融创新分割，比原来小得多了，但是归根结底，风险还是风险。金融创新可以帮助金融机构和投资者更好地分散风险，但是并不能完全消除风险。毕竟，金融科学不是炼金术。因此，投资者必须记住所谓"富贵险中求"的中国老话，这句话在投资领域特别适用。切莫因为一些短期诱惑，就放弃自己长期投资的原则。

投资者还要关注什么呢？作为私募或者对冲基金，本来的精神就是低调和不披露，尽可能少和社会公众发生联系。同时，因为行为上的偏差，人倾向于回避不熟悉的东西，不想去问我们的基金经理到底采取了什么策略、做没做衍生品、怎么控制风险，想的就是把钱付了，每年拿到 10%~15% 的收益率。

经验告诉我们，很多看起来非常有吸引力的投资机会，无论是互联网泡沫阶段的互联网股票，美国房地产泡沫期间的 CDO 和 CDS，还是国内的民间融资，这些能带来高收益的资产往往是我们原来没听说过的，或是不太熟悉的。因为人们对于传统的投资领域了解得比较充分，风险也比较明确，所以收益也就不会太让人激动。但由于人们对陌生事物和模糊性的规避倾向，我们不愿意学习、了解这些不熟悉的东西。笔者的很多朋友经常会问一些关于投资的问题，笔者听了就非常害怕——这些基本知识都不懂，竟然还敢投资。掌握基本知识是投资者自己必须承担的责任。

总而言之，风险可以是别人的风险，但财富是自己的财富。无论前景如何诱人，投资者一定要保持清醒的风险意识，对于高风险的产品，应浅尝辄止，多元投资。

03

野村收购雷曼

监管者要做的是制定清晰的法律,
并尽可能地限制公司高管损人利己的行为。
广大散户能做的最重要的事就是看好自己的钱包。
收购过程本身充满挑战,但收购之后的整合,
才是真正决定收购成败的关键因素。

正如我们在前文讨论的明星基金经理有可能不但不能给投资者带来超额收益，反而会给投资者带来始料未及的损失，其实，类似的"经理"在企业投资，特别是兼并收购领域也屡屡现身。而且有趣的是，在兼并收购领域，往往越是有光环的明星企业所进行的兼并收购出问题的可能性越大。其中缘由，我们在第5章再详细讨论。

笔者曾亲历了日本野村证券在2008年金融危机时收购破产的美国雷曼兄弟的亚洲业务的过程，这让笔者体会到企业在完成兼并收购交易过程中面临的挑战和文化整合的困难。从某种意义上说，野村收购雷曼是一宗非常复杂的交易，但从其他一些角度来说，这宗交易和其他许多兼并收购交易相比，其实已经简单多了。无论读者如何解读，笔者想通过自己的经历，与大家分享一下为什么说收购是一个非常复杂、持久，且各方面都非常有挑战性的活动。在收购过程中，笔者想特别强调的是过度自信对于收购方高管的影响。因为公司高管对于某些战略目标的强烈渴望，收购决策过程中很多明显的不匹配因素被故意忽略了。与此同时，这个案例也明显展示了华尔街高管在个人财富和股东责任、短期收益和企业长期发展之间的选择。从某些角度来说，公司高管的自私和贪婪，对于股东的每一次重大损失和金融市场的危机，都负有不可推卸的、直接或者间接的责任。在宏伟的愿景和逐利的银行家的撮合下，就有了金融行业兼并收购的一个经典失败案例。

自从经历2008年的金融危机，美国券商雷曼兄弟一下子变得非常有名。雷曼兄弟是美国最老牌的券商之一，历史上一直是以固定收益债券的承销和交易作为主要业务。在2008年申请破产前，雷曼兄弟是美国排名前五的一线投资银行。在2008年9月申请破产后，一夜之间，整个公司的股价变得一文不值。

雷曼的文化是一种竞争文化。雷曼的CEO叫理查德·富尔德，他在公司工作了30多年，很强势，在公司里的绰号叫"大猩猩"。他醉心于摔跤，是一个非常激进的摔跤运动员。他对于婚姻、社交礼仪、着装和健身有着很严格的标准。在公司里，每次员工知道要跟富尔德见面，一定会穿上最漂亮的西装，打上最贵的领带，表现得文质彬彬。

富尔德强势和自负的性格在很大程度上影响了雷曼的企业文化与风格。在2008年金融危机全面爆发之前，美国券商贝尔斯登的倒闭，其实已经给当时显露颓势的美国证券市场敲响了警钟。但在贝尔斯登倒闭后，雷曼兄弟在富尔德的带领下非但不加强风险管理，反而还以估值便宜为理由，加仓了不少贝尔斯登变卖的资产，也就是金融危机爆发后所谓的"有毒资产"。结果，随着全球金融危机的爆发和全球信用市场的流动性枯竭，雷曼持有的资产大幅缩水，融资渠道又被堵死，结果只好申请破产保护。

笔者清晰地记得雷曼在星期一宣告破产,星期天的时候我们全家还在新搬进的公寓里开了一个盛大的乔迁派队,当时在场的众多雷曼兄弟的员工里,没有一个人想到第二天公司会破产。因此,说到企业员工对于公司的真实情况缺乏了解,以及对企业的过度自信和盲目忠诚,笔者也算深有体会。

再讲讲野村,野村是日本历史最悠久也是影响力最大的证券公司。无论从市场份额,还是从市场领先地位来看,野村都是日本最成功的证券公司。由于日本房地产、股市泡沫的破裂和日本人口严重老龄化的趋势,日本的经济经历了"失去的二十年"。野村在此过程中也受到日本股市一蹶不振和日本企业在全球发展乏力的影响,因此在过去20多年间一直寻求转型,希望进一步市场化和国际化,转型为在全球领先的金融机构。

其实野村的这种决心在过去20多年里进行了多次尝试。它在20世纪80年代就在海外进行了一次扩张,90年代又通过收购海外券商在美国扩张了一次,2005年左右在海外再次扩张。不幸的是,过去三次扩张都以失败告终。不少曾经在美国为野村证券工作的员工都表示,很难在日本企业里工作。无独有偶,国内很多在日资企业里工作的员工,也感到日本的企业文化很难融入。由此来看,日本文化和美国文化的冲突至少不亚于日本文化与中国文化的冲突。

到雷曼兄弟破产的时候,野村证券觉得自己碰上了几十年一遇的机会,决定和英国老牌银行巴克莱竞购雷曼的亚洲资产。巴克莱是英国最大的银行之一,是一个多元化的全球领先的银行,但是在金融危机里受到了比较大的冲击。巴克莱银行在和野村证券竞购雷曼的时候,有一个得天独厚的优势,那就是它在雷曼破产的时候,已经成功地收购雷曼的美国资产,也是雷曼最核心和最有价值的部分。因此,对巴克莱银行而言,收购雷曼的全球业务是一个非常自然和有效率的业务拓展。另外,作为一家英国银行,巴克莱和雷曼同属英美文化,两者的文化差异可能不会像野村和雷曼之间的文化冲突那样不可调和。

那么,雷曼的高管为什么把雷曼卖给野村而没有卖给看起来更合适的收购方——英国的巴克莱银行呢?收购的三方在一周内进行了72个小时的紧张谈判,巴克莱银行决定出价一亿美元,野村证券则出价两亿美元,最后雷曼兄弟亚洲的高管决定把公司卖给野村证券。虽然野村的出价比巴克莱银行高出一亿美元,但是一亿美元对于投资银行来说不算什么,在年景好的时候,公司几位高管的薪酬加在一起也会有一亿美元。为什么雷曼兄弟的高管最终选择野村证券呢?

外界觉得很重要的一个原因,就是野村"利诱"了雷曼的高管。野村证券对雷曼兄弟的高管提供了以2007年历史上投资银行最高业绩的奖金薪酬为基准的两三年的保证奖金,也就是说,野村证券愿意为不确定的收购后果事先支付数亿美元的成本,而巴克莱银行不愿意做这个承诺。摆在桌上的现金实在太诱人、太有说服力了,雷曼兄弟的高管很难在如此诱人的条件下更多地考虑公司的存亡或者企业的长期价值。自然而然地,在收购之后,野村证券的人员成本大幅上涨:在收购完成后的第一个财政季度,野村证券的人员成本骤升5亿美元。

有人会说，雷曼兄弟的高管可能对收购后的文化传统没有准备。笔者觉得这样的看法太低估投资银行家了。目前，各家全球性的投行，都有许多具有丰富国际经验的银行家，他们不会想不到企业文化之间的差异。而且野村证券这边的收购操刀手是渡部贤一。他毕业于哈佛商学院，是野村证券的终身雇员，热爱歌剧，信仰禅宗，对国际文化秉持一种非常开放的心态。此外，雷曼兄弟在日本的很多同事，早先就是从野村证券跳槽到雷曼的，不可能不了解野村证券。例如，笔者在雷曼的日本搭档早先就是从野村证券加入雷曼的，在雷曼被野村收购一个星期之后，他就辞职了。他知道在野村证券的企业文化里，这种离弃过野村证券的员工在合并后的企业里，是没有发展前途的。

中国投资者往往会抱怨公司高管只考虑自己的利益，而忽视股东的利益。其实，在上市公司的一系列复杂的委托代理关系（股东和董事会、董事会和高管、高管和投资银行家）之间，受托的那一方（董事会、高管、投资银行家）一定会利用自己的信息优势和管理上的便利来最大化自己的利益。在公司治理越涣散的地方，这种趋势就越明显。中国A股市场是这样，美国股市也不例外。公司的高管在做很多重大决定的时候，首先想到的不是股东，不是员工，也不是公司的价值，而是自身的利益。这种贪婪的企业文化早在20多年前的影视剧《门口的野蛮人》和《说谎者的扑克牌》里，就被描绘得清清楚楚了。监管者要做的是制定清晰的法律，并尽可能地限制公司高管损人利己的行为。广大的散户所能做的最重要的事，是看好自己的钱包。

整合之殇

收购是简单的，整合是痛苦的。像惠普收购英国的软件公司 Autonomy 的案例，收购之后惠普才发现后者就是一个烂摊子。Autonomy 公司其实完全没有盈利，它不仅伪造了自己的盈利还有很多负债没有汇报出来，这才是更可怕的。并购交易完成，只是万里长征的第一步，后面还有许多复杂的工作。

在野村收购雷曼之后，短期来看业绩不错，一方面确实团队大了，原来六七十人的团队，合并之后达 160~170 人，肯定应该能做更多的业务。但是另一方面，企业运营的成本也上升了。很快，两个团队都发现文化冲突是根深蒂固的。因为雷曼在整个美国的投资银行界也算比较激进的，公司文化是一种比较残酷的竞争文化，也就是中国某些企业所谓的"狼性文化"。野村证券实行的是日本传统的论资排辈、终身雇佣的文化，是一种集体主义的销售文化。这两者之间，东方与西方、封闭与开放、终身雇佣和高流动性、集体英雄主义与个人英雄主义的文化，产生了非常强烈的反差。虽然大家在并购之初都意识到会有文化冲突，但没有充分考虑文化的冲突会对士气、工作效率和团队合作产生什么复杂影响。

文化反差的一个极端方面，反映在两个企业对女性雇员的态度上。在日本企业里，男性与女性的分化是非常显著的。在野村证券的日本总部，几乎所有的女性雇员不是做秘书就是做助理，没有其他职位。这样的文化很难和雷曼这样 1/3 雇员是女性的开放文化融合。

收购完成之后，野村证券发布公告说它已经找到清晰的整合战略思路。但是，外界的感觉恰恰相反。因为大家没有看到野村拿出什么具体的整合方案，所以短期出现了"鲇鱼效应"。当时，每一个工作岗位基本都有重复——一个前雷曼的人和一个野村的人同时做一样的工作。因此，所有员工都很紧张：等到保证的奖金发完之后，到底是野村的员工留下来，还是雷曼的员工留下来？野村的员工觉得自己应该留下来，因为日本实行的是终身雇佣制，加入野村的时候就是冲着铁饭碗来的。但是雷曼的员工也觉得自己应该留下来，为什么？因为雷曼的员工水平高，在客户群中名气比较大。不管怎么说，所有员工都明白这些天要好好干，未来怎么样谁也不知道，所以短期内效果还不错。

团队的规模越来越大，时间一长，磨合的问题就越发严重了。通过收购和兼并之后，短期之内总有单一职务无法解决的情况，就暂时安排两个职务过渡一下，因此很多职务出现了联席主席。结果却不是那么令人满意：不是说人多力量就一定大，人多了之后未必是好事。公司业务开始重复，两边的人不通气，同一家公司两位分析员同时发表研究报告，而且两份报告的内容相互之间还可能冲突。有时，员工会花更多的时间考虑如何协调人事关系，而不能专注于日常业务。一方面，为了在短期留住雷曼的员工，野村证券给了雷曼员工很多优厚的条件。但雷曼员工并不领情，仍然觉得自己不适应一家日资投行的文化氛围，计划过两年等到市场转暖，换一家公司。另一方面，野村的员工也非常不高兴：本来自己是这家公司的主人，雷曼是败军之将，但雷曼的员工来了之后薪酬比自己高，在公司的位置也被他们挤占了。结果是，虽然合并之初野村确实希望能够让雷曼的员工更多地主导工作，帮助他们把雷曼的优势资源带到野村的业务中，但具体实施起来却很难做到。

除了员工这个非常难以管理的资产之外,一家券商对另外一家券商的收购可能是所有收购交易里面最简单的。试想,如果是一家银行收购另一家银行会有什么问题?营业部、后台 IT 系统、客户关系的整合等,需要考虑的问题更多。那如果是一家航空公司收购了另一家航空公司又会有什么难题?难题就更多了:航线和油品如何选择,选用哪座城市作为母港,不同航空公司的飞机机型、维修队伍如何整合,还有会员客户里程项目的冲突怎样解决,等等。例如,美国联合航空公司和美国大陆航空公司在 2012 年合并一年多以后,还会出现联合航空的客户没办法用联合航空常客计划积分购买大陆航空的机票的问题。

那么,如果是一家制造型企业进行收购,会有什么问题?比如康柏和惠普合并,联想收购 IBM(国际商业机器公司)的个人计算机业务后,都会存在生产线不匹配的问题。原本是联想和 IBM 两种品牌生产的两种机型,现在生产出的计算机都叫联想,但两种机型却不完全一样。除了生产线匹配的问题,品牌管理也同样存在难点。康柏和惠普这两家企业加在一起占美国 60% 的市场份额,如此傲人的品牌价值对于品牌管理也是非常大的挑战。

例如,原来进一家商店,顾客可能需要决定是买康柏的计算机还是惠普的计算机,但在两家公司合并之后,顾客可能想到的是买惠普的计算机还是买联想的计算机,这里有一个品牌内部蚕食的问题。另外,还有分销渠道的问题。原来零售商可以通过让惠普和康柏两家公司竞争货柜,并以此压低报价。现在两家公司一合并,对零售商的议价能力的确提升了,但是会有零售商为了分散风险,而减少向合并后的康柏和惠普产品提供货柜,而更愿意把货柜给予惠普的竞争对手联想或者宏碁。总而言之,兼并后会发生很多收购方始料未及的后果。

投行完全没有这些问题,收购方只要能把被收购方的人留住,任务基本就完成了。这个问题对于野村收购雷曼来讲,看起来极其容易:两家公司在香港的办公室在同一幢楼里(国金中心二期),两家公司的办公室只隔了几层楼,两家公司的员工乘坐同一部电梯上下班。但是,事实上却有很多人们根本想不到的问题:笔者在三个月里就换了4次办公室。为什么呢?因为雷曼兄弟的欧洲业务和亚洲业务被野村收购了,美国业务被巴克莱收购了,而笔者当时负责量化策略,原先的研究数据由美国办公室提供。由于美国公司被巴克莱收购了,美国数据无法传送过来,只有跟欧洲办公室的数据还可以对接。结果过两天发现欧洲办公室的数据质量不好,野村同事说他们有自己的数据,所以笔者决定使用野村在东京的数据。但现实是,虽然两家公司的办公室只隔了三层楼,但是通信系统完全没有打通,因此笔者在楼下不能用楼上野村的数据。于是,野村同事提议干脆让笔者上楼,进入野村的办公室办公。于是,笔者作为雷曼的代表首先进入野村的办公室。过了几个月,基本的过渡工作做得差不多了,笔者才回到原来的办公室。后来,公司又把两个团队完全整合在一起,要求两个团队坐在一起,于是笔者又换了一次办公室。就这样,笔者在短短三个月之内换了4次办公室。笔者相信,这在收购过程中是一件简单得不能再简单,小得不能再小的事,但是从这一件小事里,可以看出收购过程中的整合之难。

笔者刚才讲到为什么雷曼的高管当初愿意把公司卖给野村，是因为他们看中了野村提供的两三年的多达数百万甚至上千万美元的保证奖金。其实这是一种建立在金钱上的忠诚感，一旦失去金钱，忠诚感也就消失了。这是笔者在整个兼并收购过程中感受到的强烈的投行文化。到两年后的 2011 年春，基本上向雷曼员工保证的奖金要到期的时候，很多员工也都已经找到下家。有些部门在 2011 年春员工领到保证奖金之后，人员流动率高达 30%。笔者在 2011 年春回香港的时候，目睹了员工的这次"跳槽潮"。笔者的一个好朋友、一位优秀的分析师还留在野村，笔者问他为何不换份工作。他说，不用换工作，他在野村看到的陌生人比熟悉的人还多，这和换工作没有什么区别。员工是投资银行最核心的资产，人走了，其他东西就消失了。

野村在进行全球化的过程中，希望通过积极地招募有全球背景的员工，达到在美国和欧洲形成一个全球化的投资银行平台的目的。但是，野村在解决全球化这个问题的过程中，又暴露了其他问题。最开始，野村想利用原来雷曼的管理团队解决这个问题，但是不行。后来野村又要求雷曼的高管按照野村的思路做这个工作，这更是难上加难。这和让唱青衣的人去唱花旦是一样的。因此，在很多西方观察家的眼里，他们又看到了一个非常有代表性的日本企业海外收购的完败案例：第一年，庆祝未来的辉煌成功；第二年，业绩平平；第三年，轰然崩溃。三年过后，野村各个部门基本上都不再赢利，而采取了防守性的措施，调整战略定位，调整团队。与此同时，原来来自雷曼的高管发现人员成本确实太高了，在野村希望的目标框架里面不可能保证前雷曼员工的薪酬。于是，他们就开始着手削减前雷曼员工的薪酬，这引起了前雷曼员工新一轮的不满。到2012年初，野村收购雷曼过程中硕果仅存的两位前雷曼高管，一位是整个野村国际的CEO，一位是野村国际债券部的总经理，双双离职。整个野村收购雷曼的历程，基本上是付出所有代价，流失所有团队，最终完败的结果。

那么能否把这次收购放到行为金融的框架里分析一下呢？这次收购究竟是一辈子只能碰上一次的好机会，还是一辈子只能碰上一次的大霉运呢？之前我们讨论过，人类有高估未来的收益和愉快，并低估未来的成本和痛苦的倾向，这是人类行为的一个特性。野村的高管是不是在这次收购过程中恰好犯了这样的错误呢？

最后总结一下，为什么总体来讲，市场对于收购方的股票给予的是一种负面反应，为什么这种负面反应对于那些用股票来收购其他公司的企业特别明显，在对那些由过度自信的CEO管理的企业进行收购时，这种负面反应尤其明显。很多时候，并购双方如果用股票进行交易，被收购方获得的不是真金白银，而是收购方的股票。从这个角度来讲，收购方和被收购方的利益是绑在一起的。此外，兼并收购交易结束后往往有6个月到一年的锁定期，被收购方拿了收购方的股票也不能马上变现。所以，双方都会低估整个收购过程中整合的难度。此外，跨国、跨文化兼并收购尤其困难。中国现在有很多企业纷纷"走出去"对国际企业进行兼并收购，联想收购IBM已经算是一个比较成功的案例，但是其间也曾经出现迫使柳传志重新出山挽救局面的一段危机时期。在其他中国企业参与的兼并收购交易中，比如中国投资公司收购黑石、收购摩根士丹利，中国平安保险收购比利时富通资产管理公司，中铝收购必和必拓，中海油收购优尼科失败之后成功收购尼克森，笔者有时真不知道是应该恭喜这些公司，还是该替它们捏一把汗。没有成功收购到底是好事还是坏事，在整合结束前都很难说。兼并收购过程固然充满挑战，但之后的整合才是真正决定兼并收购交易成败的关键因素。

因此，中国下一阶段经济发展和行业整合的过程中非常重要的一个现象，就是会出现越来越多且规模越来越大的兼并收购业务。清醒地意识到兼并收购过程中的机会和风险，即使对那些不是那么自信的CEO来说，也十分有价值。

在跨国和跨文化收购中，当地法律、劳工保护条例和知识产权的规定对于中国企业兼并收购的结果可能产生非常重大的影响。考虑到野村收购雷曼这一看上去十分简单的收购交易背后都有如此多的挑战和问题，中国企业在海外兼并收购时也必须引以为戒，规避国际兼并收购中的风险。

04

风险的起源
和风险管理的来源

有效控制风险是投资者提升长期收益的重要手段。
投资者必须意识到，无论做多少模型，
自认多么有把握，未来总会有不确定性。
因此，金融机构和一般投资者不能急功近利地把风险敞口做得太大，
或把杠杆做得太高。

那么，究竟是什么原因导致金融机构和实体企业在投资领域里一而再，再而三地重复事后看起来简单甚至愚蠢的错误呢？换言之，为什么这么多出色的企业家和投资者，会在关系自己企业命运和家庭财富稳定这样的重大决策上，犯如此严重的错误呢？究其原因，主要是经济运行和金融市场中日夜不停、变幻莫测的风险。

美国有一家历史很悠久的金融机构，叫作坎托·菲茨杰拉德（Cantor Fitzgerald，简称CF）。成立于1945年的这家老牌投资银行专注于债券市场业务。在21世纪初，CF公司平均每年处理整个美国国债市场交易20%~25%的交易量，是美国非常重要并受人尊敬的金融机构。CF公司总部的办公室位于原世界贸易中心101~105层，在"9·11"事件中，很多CF员工丧生。当天，CF公司损失了2/3的员工。当然，公司的其他分部，如位于英国伦敦的欧洲办公室，对数据和信息进行了存储和备份，因而"9·11"事件没对整个美国金融体系造成很大冲击。此后几年，CF公司的业务逐渐步入正轨，终于用10年的时间恢复了元气，现在依然是业内颇具影响力的金融机构。

在国际商学院的风险管理课程中,当时CF公司处理"9·11"事件的经验,成了企业风险管理的一个经典案例,被广泛引用。在很多层面,CF公司的做法涉及风险管理领域。作为一个学科,风险管理并不是金融行业独创的,而是管理科学领域的重要分支,主要是工程实施方希望通过管理风险,帮助企业更好地实现目标。无论是为了保证企业运营更顺畅,还是为了保证企业利润更稳定,或者为了保障企业员工的人身安全,这些都属于广义的风险管理领域。

企业会选择与自己长期经营目标最合适、成本相对较低,也最行之有效的一些方式管控风险,以保证长期目标的贯彻和达成。随着全球化步伐加快,科学技术越来越发达,以及整个社会不确性因素的加剧,很多跨国公司都面临不同方面的风险问题和挑战。比如在1984年,美国联合碳化物公司在印度的一家农药厂发生事故,造成当地很多居民伤亡。1986年,苏联乌克兰境内的切尔诺贝利核电站4号机组反应堆发生爆炸,导致当地大量人员伤亡,环境也遭到严重破坏。2011年,日本因为地震导致了福岛第一核电站放射性物质泄漏,对民众生活和企业运行都提出了严峻的挑战。

对于企业来讲,如何在财务、安全生产、设备管理和流程技术等方面控制风险是系统工程领域的一个问题。直到20世纪70年代,金融学才开始逐渐把工程领域里关于风险控制的理念和先进技术引入投资、金融领域。除了前文提到的金融机构运行过程中的人员安全管理、数据安全备份之外,金融领域关注最多的风险主要是投资风险。

04 风险的起源和风险管理的来源

简单来说，投资风险就是投资收益的波动，有波动，自然就会有风险。如果投资者把钱存到银行里，年利率为3%，那么收益基本没有风险（真实收益也是有风险的，因为存在通货膨胀，所以扣除通货膨胀率的实际收益率也是不确定的，但是至少名义上收益率是确定的）。如果把资金投到股票市场，收益率有可能为10%，但是有的时候可能会亏损5%~8%，所以每年到底会出现什么情况，投资者事先也不是很确定。这种收益率的波动就是投资者面临的风险。根据各个投资者对风险的不同偏好，有些投资者喜欢承担高风险，追求更高的收益；有些投资者不喜欢高风险，也愿意接受相对较低的收益。根据金融学原理，如果想获得更高的收益，就必须愿意承担更高的风险，也必须面对与高收益相伴的高波动率。设想如果两种投资方式在其他方面一模一样，那么所有投资人都会选择收益更高，风险或者波动率更低的投资方式。因此，为了能够吸引投资者投资风险较高的资产，必须为投资者提供更高的收益。

从这个角度来讲，收益和风险永远是一对手牵着手的伴侣，要得到一个，不可能不要另外一个。而投资者往往更关注预期投资收益，对预期风险的估计则不太准确。如果问一个投资者他的某只股票在去年的收益是多少，或者他认为今后的预期收益是多少，他大概会给出一些答案。但是如果问他，过去一段时间投资出现波动的风险有多大，他往往不能做出准确的判断。

很多投资者对于收益的关注远远高于对风险的关注，原因可能有两个。第一，投资者在思考问题的时候，往往会对正面结果考虑得多些，而下意识回避或者忽视一些负面结果。风险和收益这两个维度，收益是相对正面的，而风险则是比较负面的。以投资者的思维方式和行为规律来讲，投资者往往会下意识地回避负面因素，即投资风险。

第二，从投资者的角度来讲，收益率比较容易理解，而波动率比较难以理解。如果再分析整个收益率的预期是如何分布的，很多投资者可能觉得这太过复杂而选择直接放弃。对投资者，尤其是散户来讲，应对风险和波动率的能力相对弱一些。

风险的代价：收益率与夏普比率

正确对待风险并管理风险，有效平衡风险和收益，以及利用金融市场和金融工具让风险为自己服务，这些可能是很多企业家和投资者要具备的基本素养。笔者在这里分享一个非常重要的概念——夏普比率，它是投资者在考虑评价投资风险时的一个重要标准。投资者在考虑收益或者比较不同投资组合的时候，往往会忽略为获得收益所要承担的风险。

30多年前，著名的金融学家、诺贝尔经济学奖得主威廉·夏普提出了一个概念，建议投资者用投资组合的预期收益率减去无风险利率，再除以波动率，得出一个比率，从而了解在每一个单位波动率的前提下，每一种资产带来的不同水平的收益。这一比率被后人称为"夏普比率"。如果把波动率定义为风险，夏普比率想要表达的是在控制风险的前提下，哪一个资产或者哪一种投资策略能带来更高的收益。或许只有它，才能真正反映投资策略或者资产是否有吸引力。

从这个角度来讲，夏普比率提出了一种可用于比较不同资产、不同投资策略收益的框架和思维方式。从投资者的角度来讲，这样分析有些难度，但是在考虑自己的收益时，一定要记住收益是以承担风险为代价的。投资者必须考虑，如果同样承担这么多风险，是应该持有比较安全的债券，还是应该选择高风险、高收益的股票。这需要取舍和权衡。只有在控制风险的前提下，投资者才可能对多种资产进行有意义的分析和比较。

在国外，夏普比率是一个被普遍用来衡量私募基金（对冲基金和一些私募股权基金）业绩的方法。由于各种私募基金使用的策略不同，又投资于不同的领域和资产类别，所以只有使用夏普比率，才能把不同私募基金的收益和风险结合，进行有意义的比较。有些对冲基金能在比较长的时间内获得200%左右的夏普比率，也就是投资者每承担1%的波动率，就有可能获得2%的收益率。这种收益与风险的平衡非常有吸引力。当然，投资者千万不要忘记，由于私募基金所收取的高昂的管理费用，最终净收益的夏普比率会大大低于这个水平。

国际资本市场的很多消极指数型基金的夏普比率为0.3~0.5 [12%的年化收益率减去4%的无风险资产（美国国债）的收益率，除以18%左右的年化波动率]。我国A股市场过去20年的平均收益率是18%，平均年化波动率是40%，因此可算出我国A股市场的夏普比率大概是0.35（18%减去4%的国债收益率，除以40%的年化波动率），这和其他很多国家的主要资本市场及全球资本市场的夏普比率相比，还存在一定差距。中国A股市场的收益率水平超过了很多国际资本市场的同期水平，然而，A股市场的高波动率或者高风险使其资产在全球资本市场的框架下显得不那么有吸引力。从这个角度来讲，夏普比率不仅可以帮助投资者清醒地意识到风险，还能揭示不同资本市场、资产类别和基金管理者各自的优势。

夏普比率可以帮助投资者更清楚地认识到风险的价值和风险管理的重要性。从长期来讲，有效地控制风险是投资者提升长期投资收益的一个重要手段，甚至可能比提升收益更重要。如果投资者平均可以取得12%的年化收益率，那么在没有任何收益波动的情况下，投资者的本金大体可以在6年内翻番。但同样是平均取得12%的年化收益率，如果年化收益波动率是45%，那么有可能10年后资产也不能翻番。在此不妨设想一个极端的例子，如果投资者在一年里损失了50%的本金（就像很多投资者在2008年之后几年间的表现），那么对他们来说，要想让本金翻番，就是一件很难的事情。可见，波动就是风险。如果散户不能有效提升投资收益，但能够有效地降低投资风险或者波动率，也非常有价值。

风险和不确定性

准确地说，风险和不确定性并不完全是一个概念。也许读者会问："风险不就是不确定性和波动吗？"没错，但是不确定性所涵盖的范围其实比风险更广泛。

经济学上的不确定性概念是由已故芝加哥经济学派著名经济学教授弗兰克·奈特提出的。奈特教授对芝加哥经济学派的发展做出了重大贡献，并且培养出多位诺贝尔经济学奖得主。他提出的不确定性比风险涵盖的范围更广。不确定性和风险的差异在于：不确定性承认并且假设决策者不能够准确描述预期收益的分布。也就是说，决策者只能够准确了解过去的情况，但是不能准确地预测未来。理论上，这种不确定性的概念可能比风险的概念更加合理，否则经济金融体系怎么会一次次经历"百年一遇"的金融海啸和经济危机呢？显然，监管层、实务界和学界都没有万能的水晶球，没有人能够真正预测新的风险会在何时、何地、以何种形式降临到我们的投资上。

在这个前提下，无论是投资界从工程领域借鉴来的风险管理模型，还是其他风险管理手段，都不能完全适用于金融领域，因为金融领域会出现很多所谓的"长尾效应"，如"百年一遇"的意外情况和金融风暴（其实在工程界也会出现类似的问题，飓风卡特里娜摧毁美国新奥尔良市，日本地震引发的核泄漏，还有很多重大工程引发的当地地质和气候的变迁，都反映了即使在工程领域，人类也不能够完全区分风险和不确定性之间的差异）。无论是什么样的风险管理模型，都是按照人们现有的思维方式来构建的。因此，很难用现有的风险管理模型准确地描述和掌控我们从来没有考虑的问题和从来没有经历的情景。如果模型只是基于历史数据分析，那么注定不可能准确描述未来的情况，就更不必说通过模型工具管控金融和投资领域的风险了。这就是不确定性和风险的区别，也是风险管理过程中最大的风险所在。

美国一位风险管理专家纳西姆·塔勒布出版了一本叫作《黑天鹅》的书，这本书通过黑天鹅的典故来讨论金融投资领域里人们对于风险和不确定性了解的局限性。

由于欧洲的天鹅都是白色的，因此欧洲人一直认为天鹅都应该是白色的，直到欧洲早期移民初到澳大利亚，真的看到黑天鹅的时候，才发现天鹅并非全是白色的。可见，一个人在固定思维框架里面看到的世界不是一个完整的世界。

黑天鹅事件的出现和重复一次次证明风险管理不是简单地做几个模型，做几个回归，或运用复杂和完美的数学分析就可以解决的问题。风险管理更多的是一种理念、一种谦虚的精神，即我们必须意识到，无论做多少模型，自认多么有把握，未来总会有不能预判的不确定性。因此，金融机构包括投资者在进行投资和商业运作的时候，必须考虑不确定性，不能急功近利地把风险做得太大，把杠杆做得太高。毕竟我们永远不知道明天会发生什么情况，这些情况对投资组合、投资安全、公司安全以及人身安全到底会产生什么样的负面冲击和影响。

塔勒布认为，一定程度上，现代风险管理是可以用各种手段控制风险的管理，但最大的风险恰恰不是这些可以度量、观察、控制的风险，而是那些我们根本就不知道的可能存在的风险。此外，塔勒布传递了一个重要信息，即金融工具、管理手段越发达，人们就会对自己的风险管理能力越有信心。随着信心的增强，人们会愿意承担更高的风险。从这个角度讲，如果不能正确估量个人的能力和组织的文化，即使有很多非常好的工具，有时对企业来说也未必是一件好事，因为这可能诱使个人或者企业承担不必要的风险。关于行为和成功引发的风险，接下来我们会进行更深入的讨论。

由个人引起的风险：行为偏差对风险管理的挑战

风险管理有几个原则，它们与人类行为的通常趋势大相径庭。正是因为行为偏差，才使得从工程领域借鉴的风险管理手段和方法不完全适用于金融领域。工程领域涉及的是厂房、管线和自然环境，是相当稳定和可靠的。反之，金融领域里最终起决定作用的是人，人的心理、情绪和思维能超越任何风险管理模型的管控范围，是决定风险管理成功与否的关键因素。

风险管理需要准确地了解各种事件发生的可能性和产生的后果，需要决策人对历史和未来做出客观且准确的判断。然而，人类在行为决策过程中往往会表现出过度自信和自我归功的趋势：事情做成了，都是自己的功劳；事情失败了，都是因为外界没有配合或给予支持。在风险管理领域，研究者花了很多精力，尽可能把风险和运气严格区分开来。但是时至今日，风险管理理论仍然很难区分某年投资赚钱有多少是因为运气好，有多少是因为投资者做出的正确判断。人类的行为模式都有偏乐观的趋势，即成功都是因为自己能力强，而不是因为运气好。在这个前提下，决策者往往不能够区别风险、运气和能力，因此对事态会有一种不切实际的乐观判断，缺乏应有的风险意识。由于决策者对自身能力有不切实际的肯定或者认知，必然不能足够关注和尊重外界环境的改变与风险。

说到底，风险管理不只是对风险的管理，更多的还是对人性的管理，因为投资最大、最主要的敌人就是贪婪和恐惧。在业绩好的时候，人们就会急功近利地承担更大的风险。相反，一旦看到风险增加或者蒙受损失，人们往往会因为恐惧和心理上强烈的规避心态，忽略一些简单而合理的解决问题的方法。从这个角度讲，风险管理面临的最大的挑战，来自人性的挑战。正是因为复杂的人性，才导致金融领域的风险管理，即使在经历技术的飞速发展之后，也会在一次次"史无前例"的金融危机面前显得束手无策。

其一，投资者的代表性偏差行为往往令他们利用短期趋势来进行预测，更关注近期发生的事情，而忽略长期可能出现的趋势和怎样应对这种趋势。

其二，人们希望规避那些模糊或者不是很熟悉的情况，希望获得简单明了的答复。如果现实生活中的问题出现模糊的情况，人们往往会用自己熟悉的思维框架、参照系和直观的熟悉程度来进行判断，做出让自己都大吃一惊、前后不一致的选择和决定。这也是本书之前讨论过的思维框架和规避不确定性的行为偏差。

其三，思维过程中的条条框框，使得人们还没有真正认清和了解风险就下意识回避。恰恰由于这种认知过程中的局限性，我们对于风险和不确定性的理解才受到限制，进而忽视了现实生活中可能发生的情况，这也是为什么高水平的投资者仍然会在风险管理上栽跟头。

以 2015 年中国股灾为例，当市场没有上涨的时候，很多投资者因为 2008 年全球金融危机以来 A 股市场的持续低迷走势，一直对股市不感兴趣，甚至存在一定的畏惧情绪。这就解释了当市场在 2000 点见底的时候，很多投资者反而对 A 股市场不闻不问。直到市场涨到 3000 点左右，周围开始有了一些投资者，有了一定的"赚钱效应"之后，投资者对于股市的认知才开始逐渐发生改变。虽然这时股市的风险已经开始逐渐积累了，但大量投资者对股市的主观判断却是股市具有一定的吸引力。也就是说，散户对于模糊和损失的规避，导致了他们没能在市场凸显投资价值的时候入市。而在股市积聚风险时，媒体上关于"牛市"的文章，反倒导致投资者盲目自信。很多对于投资、对于股市、对于所投资的公司没有任何了解的投资者，在自己的贪婪的驱动之下，盲目地加仓和增加杠杆，最后导致整个市场出现泡沫和崩盘，投资者最终遭受重大损失。

2015年中国A股市场的股灾，让我们直接感受到，投资者面对的很多风险和损失，其实并不是市场强加在他们身上的。反之，投资者面临的很多风险和损失，恰恰源于投资者自身的贪婪、恐惧以及行为偏差。恰恰是因为大量散户集中和集体的不理性行为，加总在一起形成了市场泡沫和泡沫破裂之后的危机，而市场泡沫破裂和崩盘等剧烈波动，又让投资者承受了巨大的风险和损失。

与此类似，很多中国企业在2008年全球金融危机之后，在海外进行了基金扩张和兼并收购。固然，有不少中国企业利用2008全球金融危机后全球资产价格低迷的机会，进行了不少成功的收购。但也有一些企业家，看到朋友们在海外投资中获得不错的成绩，又得到政府对于中国企业"走出去"的鼓励和支持，简单地认为全球金融危机会带来俯拾皆是的机会，盲目和激进地在海外进行兼并收购。因为很多企业在前期准备和尽职调查中，没有充分了解和调研相关情况，因此很多交易陷入了严重亏损或者难以退出的尴尬境地。企业家一旦发现自己的兼并收购发生严重的亏损，不愿诚实勇敢地面对损失，不能有效止损，导致很多中国企业在过去10年间在海外进行的大量兼并收购交易最终不了了之，甚至铩羽而归。

成功带来的风险

在投资过程中,波动就意味着风险。投资者对于正面的波动往往会欣然接受,对于负面的波动,也就是损失,则避之唯恐不及。因此,对于很多投资者来说,风险管理就是防止出现损失。但是,在风险形成的过程中,除了随机的部分,还有很多是人为产生的,无论是投资者、企业,还是一个国家,承担的风险和对风险的承受能力都会受历史和过往经历影响。有时,风险本身是从成功的经历中来的。如果没有之前的成功,就不可能有之后这么大的风险和损失。

比如,有一个赌客去赌场,只带了 100 美元,到中午的时候,他手上可能就会有 1000 美元。但如果一开始就让他拿 1000 美元去赌博,他是绝对不会去的,因为他知道自己没有什么赌博经验和能力。有了 1000 美元后,他觉得 900 美元是白白赢来的,就愿意下更大的赌注,承受更高的风险。更可怕的是,在这个赌客把 1000 美元都输光的时候,还念念不忘自己上午赌博的光辉历史,想回家拿更多的钱继续赌博。一个在早上还不愿意押上 100 美元的人,有时候会因为一个上午的成功,而愿意押上 1000 美元,这就是成功可能带来的风险。人就是这样,如果觉得成功近在咫尺,脑子里就会出现简单的直线预测,就会自然而然地加大投入,增加风险。

除了行为上的例证,成功带来风险的案例在金融领域中也有很多。投资者在获得收益后,可能会做一些不应该做的事情。比如,金融危机时出现的 CDO 和 CDS 产品。起初,推出这些创新性产品是为了规避风险,即

04 风险的起源和风险管理的来源

帮助持有有风险债券的公司或者基金规避因为违约而可能出现的风险。但是正因为有了这些创新性产品，很多企业觉得已经买了保险，在投资的过程中就可以承担更多的风险。这就是保险行业里一个常见的逆向选择过程：一旦买了保险，人们从事高风险活动的可能性就会变大，觉得出什么事都有保险担保。有了这种心理，人们就会承担更多原本不愿意承担的风险。

与此同时，有研究发现，正是在美国推出资产证券化金融创新性产品之后，原来应该对资产安全性、资产价值进行更准确估算的金融机构，不再一如既往地勤勉工作。其实，在没有金融创新性产品之前，所有风险都必须由某个金融机构承担，所以机构会勤勉尽责。而随着金融创新的推动，金融机构可以更加自如地把风险分散给社会上的其他投资者，自己承担的风险小了，压力和工作动力自然也就减弱了。

对2008年金融危机前后美国商业银行的研究发现，一些银行在把贷款资产打包，进行资产证券化，拍卖给其他投资者之后，整体资产质量和员工工作质量都比之前下降了很多。原来，银行会把这些资产或者债券放在资产负债表上，所以非常重视资产质量，在放贷的时候也非常谨慎。随着金融创新性产品的推出，很多银行觉得，既然可以把资产进行打包卖给投资者，就不必过于关注资产池的质量，也就不在乎哪些投资者持有这些资产。金融创新的好处是有更多的人可以分担风险，但坏处则是其中的道德风险无人关注。由于银行不承担风险，就不用做那么多工作，反正最后可以把更多的风险转嫁给社会上的投资者。从这个角度讲，成功和创新也在一定程度上导致一些金融机构不敬业，在应该进行尽职调查时跳过这一环节，给整个社会和全球经济增加了风险。

摩根大通银行巨额交易损失事件

2012年夏，摩根大通银行被爆出在自家首席投资办公室的直接管控下，一名伦敦交易员布鲁诺·埃克西尔，因利率互换交易给摩根大通银行带来20亿美元的损失。这一消息令整个华尔街十分震惊。随着事态的发展，摩根大通银行披露，这次交易最终让摩根大通银行损失62亿美元。

该事件之所以引起轰动，有一部分原因是事件发生在摩根大通银行。在2007—2008年全球金融海啸中，这家银行几乎毫发无损，并且一跃成为全美资产规模最大的商业银行。在之后几年里，该行的首席执行官杰米·戴蒙不仅多次被各种媒体评为全美最成功的首席执行官，还因为在全球金融监管体系改革中少有的强势和反对"沃尔克规则"，而成为全美乃至全球银行业高管心目中的英雄。

之后数年，戴蒙一直在向全世界的监管层和投资者表明，像摩根大通银行这样成功管理的机构已经可以运用先进的风险管理技术，在不伤及股东权益的同时，进行复杂的自营交易。如果用金融危机前人们常说的一句话来说就是——"这次真的不同了"。然而，笔者认为，除了金融机构的贪婪和道德风险之外，摩根大通银行的这次巨额损失还暴露出一个重大的风险管理问题，那就是管理者因为成功而盲目自信。1998年的LTCM案、2007年的高盛资产管理公司全球阿尔法基金案、2007年的次贷危机和全球房地产泡沫，以及最近的金融危机，哪一次不是由"天才"们创造的"天才想法"导致的呢？风险管理最大的敌人，有些时候恰恰是那些把全身心都投入风险管理的专家。就在戴蒙"风险尽在掌握之中"的话音未落，大洋彼岸就传来了60多亿美元巨额亏损的噩耗。日益精进的风险管理技术，有时会诱使聪明人承担他们原本不敢想象的巨大风险，甚至可能直接导致风险的积累和危机的爆发。

笔者由此想到，2000多年前的《论语·为政》教诲道："知之为知之，不知为不知，是知也。"这也道出了当代金融风险管理最大的挑战。企业越成功，高管就越自信。高管越自信，就越想冒更大的风险以博取更高的收益。掷硬币的次数多了，必然很难一直幸运。公司的重大决策其实也类似，一时的成功未必可以服人。正确地区分投资中的技能和运气，也就成为几乎不可能的任务。投资如此，人生何尝不是呢？如果公司高管或者首席风险官都不能清醒地意识到自己对风险的认知还存在哪些盲区或误区，他们的"风险尽在掌握之中"的豪言壮语又有何意义呢？

国内很多企业则面临风险管理中的另一个难题。在运营中，很多企业逐渐意识到自身受某种风险的影响巨大，因此开始进行不同方式的套期保值，以期达到掌控风险的目的。不幸的是，因对金融知识和实践缺乏了解，其中不乏套期保值失败，导致巨额损失的案例。监管层则以此为例，终止企业的各种套期保值行为。殊不知风险管理可以叫停，风险却不会因此偃旗息鼓。在风险管理方面被束缚手脚的国内企业，便难以在国际市场上和无拘无束的国际同行竞争。因从事套期保值而蒙受损失的企业确实不在少数，但更多的是那些没有从事套期保值和风险管理的企业，难道它们就能因此成为他人学习的楷模吗？

摩根大通银行以自己的损失又一次向世人表明,再成功的风险管理手段也不能弥补交易中的突发损失。同时,再谨慎的风险管理措施,也不能完全规避风险。这是由风险的本质决定的,并不因几次成功或失败的经验而改变。所以,风险管理专家每每会自问一个古老的问题:"知道风险而不能控制风险和根本不知道风险在何处,哪一个更危险呢?"

05

过度自信的高管

越是自信的高管，在考虑兼并收购活动时越可能支付高昂的价格。
这时，被收购方的股票可能已被高估，
过度自信的高管可能利用股东的财富收购一些物非所值的公司。
难怪资本市场对过度自信的高管唯恐避之不及。

本章我们主要讨论公司 CEO 和其他高管。公司高管的决策是否也会出现偏差呢？假如公司高管也像散户一样有过度自信的倾向，会对公司的重大决策产生影响吗？这是本章要讨论的重要问题。

根据多家猎头公司针对上市公司董事会和高管的调研，自信心是各大公司在遴选 CEO 的过程中非常看重的一项品质。作为一位 CEO，自信心确实很重要。他们要对自己的理念有信心，对自己的战略规划有信心，对自己的执行力有信心，别人不敢想的事情他敢想，别人搞不定的事情他能够搞定。这就是为什么有些 CEO 能够获得绝大多数人无法获得的成就。因此，自信对于高管来说是一个很重要的品质。那么什么叫作过度自信呢？怎么界定"过度"这两个字呢？这可不容易。

笔者在加州大学的同事曾做过多项关于明星 CEO 的研究。所谓明星 CEO，就是不仅在本领域，而且在社会上也有广泛影响力的公司高管。在中国，王石、任志强、潘石屹、柳传志、郭广昌、马云都可以被称作明星 CEO。那么在美国，评价明星 CEO 的标准是什么呢？通常有三类潜在标准。

第一，一些CEO在全球媒体评奖中获得的荣誉，如CNBC（美国消费者新闻与商业频道）年度CEO，或者本人对顶尖媒体产生过巨大影响。如脸书的马克·扎克伯格就因为在不到10年的时间里成功带领脸书从哈佛大学宿舍中的小公司成为全世界最大、最有影响力的公司之一，从而被多家媒体评选为年度最优秀CEO。

第二，一些CEO本身就是媒体人。比如美国的脱口秀女王奥普拉·温弗瑞就是利用自己的魅力和号召力打造了一个市值亿万美元的媒体帝国。再比如美国的家政女皇玛莎·斯图尔特，她本身就是媒体主持人，通过主持居家秀来指导观众如何做美味的三明治，如何选用合适的布料，如何进行得体的服饰搭配，从而成为全美太太心中的明星，进而开创了一个以家居为主题的媒体帝国。

第三，还有一些CEO对其所在行业的影响非常大，使得人们往往会将他们和其所在的行业直接联系起来。比如乔布斯、比尔·盖茨、杰克·韦尔奇等，他们都被研究者界定为明星CEO。

加州大学的研究者认为，不管CEO作为人群整体而言是否过度自信，这些明星CEO由于在行业、社会和媒体上比普通CEO更有地位和影响力，所以相比普通CEO，他们往往更加自信（正像我们之前讨论的那些投资成功的散户会在今后对自己的投资能力更有信心，也会进行风险更高的交易一样）。基于这种假设，研究者希望了解过度自信会让这些逐渐上升到"神坛"的明星CEO做出何种决定，同时也跟踪研究这些明星CEO的决定是否能够帮助其所在公司的股东获得更好的回报。

研究者发现，和普通CEO相比，明星CEO更倾向于做以下几件事情。

第一，他们喜欢著书立说，从而将自己的成功经验和管理理念分享给全社会。在美国，写回忆录曾经是留给退休人群做的事，但最近越来越多在职的CEO也开始写自传或回忆录。当然，他们在繁忙的日程安排中，想找出专门的时间写自传可不容易。不过幸好，现在产生了一个新兴职业——传记作家，专门给这些明星充当自传写手。

第二，更多明星CEO开始在其他公司担任董事或者独立董事。这背后可能有三重原因。其一，随着这些明星CEO的影响力逐渐提高，越来越多的公司开始希望获得明星CEO的帮助。其二，随着明星CEO的公司规模和社会影响力的扩大，明星CEO及其所管理的公司也越来越有可能和其他企业或者社会组织形成业务往来。其三，随着事业的不断发展，明星CEO对自己的管理能力和管理理念的信心也不断增强，从而觉得自己的专长并不应该被局限在本公司的业务领域，而应该进入其他领域。

第三，明星CEO更喜欢进行盈余管理。所谓盈余管理，就是企业，尤其是上市公司，在合法和符合会计准则的前提下，让自己财政季度或者年度的盈余水平都达到或者超过资本市场的预期。现代企业的会计制度（无论是美国通行的GAAP——一般公认会计原则，还是欧洲和中国使用的IFRS——国际财务报告准则）都是基于计提的会计准则。也就是说，只要企业成功将货物卖出，即使货款还没有收到，该项收入便已经"可以"计入盈利水平了。对于卖出的货物，在某些条件下，公司既可以把盈利簿记到本季度，也可以簿记到下一个季度，企业因此可以在会计记账时有更大的操作空间。同时，这个季度发生的成本也有很大的操作空间，可以簿记到这个季度、下个季度，甚至上个季度的成本里。尤其是对于业务比较复杂、行业链条比较长、资金周转周期比较长的行业，当季的会计盈利水平可能并不能准确地反映当季的财务盈利水平。

以上是相对简单的情况，当企业因发生重大结构调整、业务变化或者兼并收购而产生一次性收益或损失时，盈余管理就更容易操作了。此外，合并财务报表也是企业进行盈余管理经常采取的一种方式。母公司基于对子公司的不同持股比例，在根据会计准则合并报表时有不同的处理方式。因此，当母公司不想合并报表时，便会降低其对子公司的持股比例；反之，则会提高其持股比例。再有，在收购和兼并的过程中，商誉估值的波动很大，从 10 万元到 100 万元均有可能，这也为高管进行盈余管理提供了便利。由此可见，在会计准则允许的范围里，高管是有不少管理盈余的方式和空间的。

随着华尔街影响力的扩大，以及华尔街对于短期盈利水平更加关注，越来越多的公司高管都在挖空心思地保证自己企业的季度和年度盈利水平达到华尔街的期望。很多明星 CEO，比如通用电气的杰克·韦尔奇，就是因为可以连续带领公司达到甚至超过华尔街的盈利预期而获得赞誉，有些华尔街的分析师也亲切地称他为"邮差"。这是因为在美国，邮差往往非常负责，该送抵的信一定要送到，因此这一职业非常受人尊敬。杰克·韦尔奇非常擅长盈余管理：他将公司的几个主要分支机构每个季度的财务指标都事先规划好，每个季度逐层分配指标，要求各个分公司要给母公司贡献多少盈利。俗话说："治大国若烹小鲜。"管理大企业其实也是类似的思路。杰克·韦尔奇的成功，也从侧面验证了明星 CEO 的盈余管理能力。

第四，根据研究者对于美国高尔夫协会的数据统计，明星CEO，特别是在他们取得"明星"地位之后，他们的高尔夫球的球技都会有大幅的提高。值得一提的是，以上趋势在那些公司治理相对比较弱、公司董事会成员中内部人士相对较多的企业里，表现得特别明显。这也反映出，不受董事会制衡的CEO是一定会做出对自己有利但让股东担心的事的。

无论上述高管的所作所为究竟对公司、社区和社会有什么影响，有一点是肯定的，公司高管在成名之后，能花在公司身上的时间和精力会越来越少。随着业务的发展，对高管时间和精力的要求本应该越来越高，那么越来越忙、时间越来越少的明星CEO怎么突破在内部管理和发展过程中的这种瓶颈呢？

答案就是兼并收购。

很多CEO都以擅长兼并收购著称。因为除了公司的有机成长之外，兼并收购是速度最快、整合能力最强的公司扩张手段。

明星CEO、大量持有本公司股票的CEO，以及在过去一段时间里大规模增持本公司股票的CEO，这三类CEO都对自己公司和自己的管理能力有着高度的自信，也最有可能出现过度自信的倾向。

根据对过去20年美国资本市场的研究，这三种高度自信甚至过度自信的CEO，与不是过度自信的CEO相比，有超过65%的可能性对其他企业进行兼并收购。

通过对过去二三十年全美上市公司兼并收购活动的研究，美国加州大学的学者发现，那些过度自信的CEO进行收购的频率显著高于一般CEO，他们所完成的收购的交易额也比一般CEO要高不少。

同时，自信的CEO更有可能利用公司的盈利水平和自由现金流，通过内部融资的方式，为兼并收购提供资金。融资上的便利，一定程度上也使得这些自信的CEO更加肆无忌惮地进行收购。如果所在公司创造了很多自由现金流，获得了很高的利润，又不退还给股东，高管们很有可能用这些资金进行兼并收购（我们会在下一章着重讨论企业赚了钱以后，应该采取什么样的方式把盈利返还给股东）。

既然自信的CEO有更强的信心，也更愿意进行兼并收购，他们的收购业绩怎么样呢？

一系列研究表明，和一般CEO相比，过度自信的CEO管理的企业在收购交易完成后的三年里，公司股票表现比另外那些由其他普通CEO管理的公司要差15%~26%。研究人员发现，明星CEO管理的企业在完成收购交易后，不仅在股票表现方面，而且在企业运营效率方面也大大低于普通CEO管理的企业的水平。

对于明星CEO管理的企业，其总资产回报率、净资产回报率、投入资本回报率和盈利增长速度，都明显落后于普通CEO管理的企业10%~15%。与此同时，明星CEO的薪酬比普通CEO要高很多，但这种高薪酬通常不是更高的工资水平，而更多地表现为股票、期权等形式，以及与公司股价紧密相连的激励方式。也就是说，他们对于自己能够提升公司股价很有信心，所以愿意接受那些以股票来进行激励的薪酬方式。

如此出色的CEO，如此优秀的企业，为什么在进行了兼并收购交易之后业绩反而下滑了呢？这其实并不是一个孤立的现象。根据国际学者对国际兼并收购案例的大量研究，在兼并收购过程中，收购方的股票价格平均而言会有所下降。当然，要想准确地测算一家公司的业绩，必须考虑很多因素，比如公司的风险、公司所在的板块和公司所受到的宏观经济变化的影响等。很多学者在经过大量研究后，几乎一致地认为，在准确地考虑了其他扰动因素的影响后，收购企业股票的表现总体而言是落后于大盘的。

这和很多投资者的印象截然不同。很多人原来一直以为收购就是一个赚钱的过程。这种说法也有一定的道理。在兼并收购过程中，收购方为了能获得被收购方股东和董事会的支持，通常会以高于目前交易水平的溢价对被收购方的股票进行收购，因此被收购方的股价往往在收购方公布收购计划的时候会出现大幅上涨。在此之前进入被收购方的股东，则可以通过收购交易大赚一笔。

然而，在经过长时间、大规模的系统性研究之后，学者和业界都表示，目前没有证据支持收购方的股价会因为收购活动而上涨，也没有证据能够表明收购方的业绩会通过收购活动而明显提高。从一定意义上讲，收购一家公司和收购一项资产其实有很多类似之处：无论被收购的公司和资产价值如何，只要收购方以低于市场价的价格进行收购，就可以为股东创造价值，股价也会相应上涨；反之，如果收购方以高于市场价的价格进行收购，就可能降低股东价值，股价也会相应下跌。

根据美国资本市场的经验，从公布要约收购的前一天到公布要约收购之后一天（T–1 天到 T+1 天）的这三天的时间里，收购方的股票要比大盘平均表现明显低 0.3%。这也说明，收购方的股票表现和这些公司股票的长期走势一致，在收购过程中相对较差。

更有趣的发现在于，资本市场对于由什么样的 CEO 来执行这些收购交易颇为关注。研究者发现，如果由高度自信或过度自信的 CEO 从事收购业务，该笔收购就会遭到市场的抵触。数据表明，在过度自信的 CEO 宣布其企业将会收购其他企业的三天时间里，该 CEO 所管理的企业的股票会有一个明显的下跌过程（低于市场表现 0.9%）；相反，那些并不过度自信的 CEO 管理的公司的股票，则不会在公司公布收购计划后下跌。资本市场会考虑到过度自信的 CEO 在进行兼并收购业务时可能会因为他们过度自信，或者由于他们时间和精力有限，而导致兼并收购可能带来不那么好的结果。由此可见，资本市场其实还是很聪明的。

此外，资本市场也非常关心公司使用什么手段来进行收购，是用现金，还是使用公司的股票以换股的方式完成收购。

研究结果非常显著。如果收购方采用现金进行收购，市场的整体反应是高度正面的：在收购方公布并购计划的这三天里，收购方股票的表现比大盘高出 0.5% 左右。与此相反，如果一家公司用本公司股票收购另外一家公司，市场的反应则高度负面：在公布消息这三天里，收购方股票的表现会比大盘低 1% 左右。若是将收购方 CEO 类型和收购方式这两个因素结合在一起，市场的反应则更为强烈：对于那些由明星 CEO 操作的用换股方式执行的收购交易，股价会在消息公布的三天里给出低于大盘表现 1.4% 的强烈负面信号。

看似是对被收购公司给出同样的收购价格，为什么市场会在看重收购方 CEO 的背景以外，又特别看重收购方的收购方式呢？为什么市场特别不喜欢由明星 CEO 操作的用换股方式执行的收购交易呢？答案还在过度自信上。

首先，用现金进行收购的企业向资本市场证明了"我不差钱"：收购使用大量现金，说明企业有盈利，有充足的现金流，也证明公司财务的稳健。这是对投资者和资本市场发出的一个正面信号。另外，用现金收购不影响公司的资本结构，有的时候投资者会对企业资本结构非常敏感，让投资者尤为担心的是，公司是否会为了完成收购而考虑增发新股，或者增发债券。增发新股可能会稀释现有股权，增发债券会增加企业的融资和运营成本。出于财务稳健和效率的考虑，理性的投资者会更青睐现金收购这种成本更低的收购方式。

其次，公司高管的融资方式会传递一定的信息。达拉斯小牛队脾气暴躁的老板马克·库班的第一桶金是靠在互联网泡沫期间创建了一家公司——"Broadcast.com"，并成功地把这家公司在互联网泡沫的顶端以59亿美元的价格卖给了雅虎公司而获得的。更让人叫绝的是，库班在互联网泡沫股价最高的时候，以每股163美元的价格把雅虎付给他的所有雅虎股票几乎抛空，而此后雅虎的股票再也没能达到当时的水平，直到2012年仍在10多美元徘徊。这就是互联网泡沫时期的荒唐事，但在泡沫时期任何疯狂的事情都是有可能的。库班卖出雅虎公司股票的决定证明，他绝不是一个笨蛋。他不但明智地在市场高点成功套现，还劝说自己的同事和员工把持有的雅虎公司的股票全部卖掉。他在接受媒体的采访时毫不讳言地说："雅虎的股票根本不值那么多钱！"

为什么要举这个例子？大家思考一下，当某家公司的CEO决定拿自己的股票去收购另外一家公司的股票或者资产时，他可能有什么动机？每位CEO都会说，产业整合所产生的协同效应能够提升公司的业绩。但除了这些战略层面的考虑，CEO肯定也考虑了更具体的财务问题。给大家做个简单的计算：A公司愿意收购B公司，同时愿意付出比B公司目前股价更高的溢价，有哪些原因呢？从财务上来看，答案很明显：第一，被收购公司（B公司）的股价被低估了；第二，收购方（A公司）的股价被高估了；第三，前面两者情况同时存在。

现金交易要比股票交易简单得多。如果用现金去进行收购，那么这笔交易跟CEO对自己公司股价的判断没有关系，或者从财务的角度讲，一定是因为收购方觉得被收购方被低估了。这也正是为什么市场对现金交易的收购业务大体是比较认可的。但是涉及用自己公司的股票去收购对方公司，问题则变得比较复杂。市场必须进行一个深层次的思考：收购方收购别的公司，是因为被收购方的股票太便宜了，还是因为收购方本身的股价被高估了，从而让收购方通过收购业务进行套现。如果是收购方的股价被高估，市场就会做出库班当年对雅虎股票做出的同样决定，卖出收购方的股票。

估值过高的公司的高管希望通过收购来套现的案例，不仅在充满惊人之举的互联网泡沫时期屡屡发生，在资本运作的历史上更是几乎天天都在上演。越是自信的CEO，在考虑兼并收购活动时就越会对自己的决定有信心，因此也越愿意向被收购方支付高昂的价格。一方面，这表现出收购方的股票可能已被高估。另一方面，这也反映出自信的CEO可能在浪费股东的财富收购一些物非所值的公司。无怪乎，资本市场看见过度自信的CEO用本公司股票进行收购会唯恐避之不及。

企业为什么兼并收购

为什么企业要在自己的发展过程中进行兼并收购呢？有以下几种比较好的解释。

缺乏内生发展机会

一方面，企业在内部发展过程中已经没有很好的发展机会了。虽然企业从资本市场融资中获得大量资金，但企业的投资回报率比整个市场上其他投资的回报率要低。这时，公司高管有两种方式改变现有情形：一是把公司的收益以分红的形式或者股票回购的形式返还给股东，让股东决定是否进行多元化投资；二是将股东的财富集中投到公司内部，由公司进行兼并收购，强制要求现有股东按照公司的计划进行多元化。后一种方式没有给股东进行选择的机会，而是由公司代表股东选择是否把股东的钱投到其他地方。

第二种做法在一定程度上剥夺了股东选择的权利。因为如果公司以分红的形式回报股东，股东可以自己选择进行多元化投资，或者减小自己的风险敞口。公司不分红而利用企业盈利进行收购，在一定程度上剥夺了股东尤其是散户的权利，同时也说明公司已经缺乏自己内部的发展方向。美国私募股权基金和兼并收购历史上有一个著名案例——KKR收购雷诺士-纳贝斯克，便是类似的情形。《门口的野蛮人》一书曾写道："其实很多类似的兼并收购，往往发生在企业可以产生大量的现金流却又没有内部增长空间的时候。"公司高管不愿意把现金流或者盈利返还给股东，宁肯把这些钱留在自己手里，购买私人飞机，获取在职消费，以及获取更好的福利。有些公司进行收购，一定程度上也是由于公司高管和公司股东之间的利益不匹配造成的。

同时，公司高管自身的追求和股东的目标之间并不一定一致。公司高管追求将公司做大，做成行业第一，做成全国最有名的企业。这样公司高管自身可以获得物质和精神的双重满足，比如成为最优秀的企业家，或者在自己的乡村俱乐部里获得更大的影响力，在行业里成为老大。但这些对于股东来说并没有财务上的收益，而更多的是公司高管对于构建商业帝国的期望，或者是一种傲慢和炫耀的表现。

此外，公司高管对自己的管理能力往往过度自信。随着公司的规模逐步扩大，公司不断获得成功，公司的高管会觉得他们可以把自己管理企业的能力运用到其他行业，有能力进行上下游的产业整合，有能力进行跨行业的产业整合，并认为企业在同其他行业进行合并后会产生很大的协同效应，但很多时候，情况并没有这么简单。

赢家的诅咒

过度自信的反面是"赢家的诅咒"。这是源自拍卖理论的一个概念，即如果所有参与拍卖的人都知道某件拍品的价格，最后能够赢得拍卖的人一定支付了过高的价格。比如某件艺术品价值100万美元，那么所有人都会出价100万美元，若想从竞拍中胜出，则必须比别人出价高，比如110万美元。这说明，当你成功购买同一项资产或者同一家公司时，你往往付出了更高的价格。那么从长期来看，你使用公司的资源购买了比较贵的资产，你的公司的收益在今后也会比较低。也就是说，公司高管总是觉得自己买到了便宜的资产，其实不然。从事后来看，他们往往购买了较贵的资产。即使是在支付了高昂的代价收购了较贵的企业之后，很多公司也不能成功地把这些公司和企业整合进自己的现有业务。这也是资本市场往往不看好收购方的股票的另一个原因。从学术角度来讲，企业进行收购的负面动机比正面动机多，对高管有利的动机比对股东有利的动机多。

羊群效应

还有另外两个紧密相连的原因，一是羊群效应。比如行业排名第一和排名第三的企业进行了合并，进而成为规模更大的新企业。在这种竞争态势下，行业排名第二的企业可能也会在行业内或板块内积极地寻求对其他企业进行兼并收购。二是战略性竞争压力。从竞争的角度来看，在以上的案例中，行业排名第二的企业原先还能够应对排名第一的竞争，但在行业老大和排名第三的企业合并之后，对于行业排名第二的企业来说，竞争压力大大增加，因此也必须追求一些规模上的扩张，来达到竞争的平衡，例如可能会和排名第四和第五的企业进行兼并，这也是企业兼并收购的一个原因。当然，有时，羊群效应和战略性竞争压力很难严格区分开来。

壳资源

在国内还有一个比较特殊的原因，就是对于上市和资源的追求，内地某些公司在香港进行兼并收购也是同样的原因。众所周知，在国内，上市是一个非常艰难的过程。一旦成功上市之后，企业无论从融资能力、融资难易程度,还是从估值水平来讲,都会比没上市的时候有一个很大的提升。因此,很多企业确实是为了获得上市公司的"壳资源"进行收购的。

美国的情况也与之相似,即上市公司比非上市公司存在估值上的溢价,但美国上市公司的溢价比国内市场的溢价低很多。随着国内资本市场的逐渐成熟,国内企业上市也不再会那么神秘和备受瞩目,也不会频频出现瞬时造富的奇闻。笔者认为,从长期发展的角度来看,新股发行改革后,整个上市的过程会越来越容易,整个"壳资源"的价值也会越来越低。

此外,在一个比较成熟发达的资本市场,即使通过收购来获得"壳资源",企业也必须考虑清楚这么做到底是否值得。在美国,很多非常成功的企业都选择不上市,保持私有企业身份,如著名的糖果生产公司玛氏。这在很大程度上是因为上市会带来高额的监管成本和信息披露成本。同时,上市公司必须受到华尔街和投资者严格的控制与约束,公司很难按照创始人的理念和长期目标运行。因此,国外有很多企业不愿意进行IPO(首次公开募股),或者成为公众公司。由此可见,企业也应该从金融的角度考虑一下收购"壳资源"的成本与收益。如果公司要支付1%~2%的交易额作为中介顾问费、律师费和审计费,同时还要面对上市后的诸多监管要求,上市和收购"壳资源"都未必是企业首选的长期发展方向。

战略性资源

目前很多国内企业正在国内外进行积极的兼并收购,我国的主权财富基金中国投资公司、中国进出口银行、平安保险、中联重科、中石油和中石化，都曾在海外进行大量的兼并收购活动或为兼并收购提供融资。为什么这些企业这么喜欢兼并收购？如果不进行兼并收购，这些公司会采取什么方式实现增长？为什么公司不选择内生性的有机增长方式，而选择兼并收购？我们会逐一回答这些问题。

企业进行兼并收购有哪些理由呢？首先便是获取资源。如中石油、中海油常年在苏丹、马里、埃及买矿，原因就是这些资源在别的地方无法获得，而这些企业必须补充自己的上游资源。但从资源获得的角度来看，随着金融工具的不断创新，各种资源都存在对应的期货。因此，例如中海油、中石油这样的企业完全可以通过在期货市场或者期权市场进行交易，从而锁定资源价格，而并不一定需要通过买矿来保证上游资源的供应或者上游价格的稳定。传统意义上兼并收购的动机其实已经不像过去那么强烈了。

当然，产业整合也是兼并收购的重要原因。产业链的整合可以更好地降低成本，因此会产生兼并收购的需要。生产汽车的想收购生产轮胎的，生产轮胎的想收购生产橡胶的，各个环节都需要相应风险的分担。中国经济，包括很多中国民营企业在经历了高速发展后，已进入一个复杂的转折期。在经济增速放缓、竞争压力加大、产业结构调整的今天，很多企业家和投资者都觉得兼并收购是一剂包治百病的万能药。的确，如今有很多公司，无论是在国内进行并购，在产业链的上下游进行并购，还是跨地区、跨行业进行并购，都取得了炫目的成就。同时在美国，又有像思科、通用电气、美国银行这种强大的公司，一路都是通过兼并收购发展起来的。很多投资者和企业家就因此认为兼并收购是万能的：只要收购，就可以创造财富，创造伟大的公司。甚至很多公司的 CEO 和高管会觉得，并购就是找两个投行，做两张表格就搞定了。这样的想法看似幼稚，却普遍存在。仔细想来，如果这样做就能赚钱，岂不是所有的收购项目都赚钱了。希望本书能够让有这些不切实际幻想的 CEO 和投资者对并购活动有更清晰、更准确的认识。

总结一下，第一，某些 CEO 有过度自信的倾向；第二，自信的 CEO 更倾向于进行兼并收购；第三，这些 CEO 进行兼并收购带来的股价损失幅度是最大的。这三点，是全球学者基于长时间、大样本的研究总结出的高管行为和资本市场反应规律，并且它们至今仍在不断重演。

06

制度引发的风险

公司高管应根据投资业绩调整投资策略和公司的风险敞口,
并始终确保公司的风险敞口不突破风险框架。
只有这样,才能保证公司追求长期目标。
此外,在风险决策过程中,公司内部应保持意见一致,
这样才能找到相对稳健的投资项目。

中航油和中信泰富

还有一种成功带来的风险完全是因为公司的高管、交易员，或者企业文化的问题。由于成功，企业不知不觉地进行风险越来越大的交易，最终危及生存。中国企业在这方面也有过惨痛的教训。

2003年下半年，中航油新加坡公司开始交易石油期权。最初涉及200万桶石油，中航油在交易中获利。2004年第一季度，油价攀升导致公司潜亏580万美元。此时公司不但没进行止损，还采取降低平均购入成本的方式进一步加大公司的交易仓位和风险敞口。之后的几个月里，随着油价持续攀升，中航油的亏损不断增大。到2004年10月，油价再创新高，公司此时的交易盘口达5200万桶石油，账面亏损再度大增。2004年10月10日，公司面对严重的资金周转问题，首次向母公司呈报交易和账面亏损。当时，为了补交追加的保证金，公司已耗尽近2600万美元的营运资本、1.2亿美元的贷款和6800万元的应收账款资金，账面亏损额高达1.8亿美元。截至2004年11月底，公司亏损总计超过5.5亿美元。中航油无奈宣布向法庭申请破产保护令。

中航油最初交易航油期货，很大程度是为了风险管控。时任中航油总裁的陈久霖代领的团队，在交易的一段时期内，发现自己对于航油价格走势有较好的预测能力，认为自己不应该进行简单的套期保值，于是开始进行投机性交易。交易之初，市场走势确实如同他的团队所预期的那样，给公司带来了高额收益，陈久霖及其管理团队也获得了高回报。在这个机制下，公司便承担了越来越高的风险，进行规模更大的期货交易，最终导致整个交易失败，公司破产。有时，成功的经验不仅扭转了该投资者对待风险的态度，还让其不切实际的投资意图变得更大。

2008年全球金融危机期间，香港发生的中信泰富的案例和中航油的情况类似，但规模和影响更大。作为中信集团的子公司，中信泰富是在香港上市的历史悠久的红筹公司，其主营业务是在内地从事和钢铁业有关的多元化经营。2008年10月，当金融危机愈演愈烈时，中信泰富发出重大预警，披露出因为和多家银行签订澳元对赌合约，而澳元的大幅贬值导致公司所投资的合约价值大跌。在短短一个月里，中信泰富在这些投资合约中的亏损就达到155亿港元，超过了之前整个财务年的盈利水平。消息传出，公司股价大跌，两个月之内，从每股30港元一路跌到每股5港元。

那么中信泰富当时为什么要进行这么大规模的澳元交易呢？起初，因为在内地有很多钢铁业务，中信泰富便在澳大利亚西部收购了澳大利亚铁矿项目。为了能够控制在澳大利亚开发和运营铁矿的成本，中信泰富最早希望通过和一些金融机构签订澳元远期合约的方式，达到控制澳元长期走势和在澳大利亚运营的成本目标。在套期保值的过程中，中信泰富发现自己对于澳元升值的预期是准确的，同时也发现与其进行套期保值，从银行获得一些低澳元的保证，还不如自己建立大量澳元的多头仓位，通过澳元升值来获利。由于中信泰富对自己的预测太有信心，同时也希望能够在交易过程中尽可能扩大风险敞口和减少成本，于是选择了使用累计期权这种高杠杆、高风险的金融创新产品来进行投机。

这种合约虽然看起来既灵活又便宜，但金融市场里没有免费的午餐，多家投行在设计累计期权合约的同时，自然考虑到了其中的风险，并且已经在合约中把风险牢牢锁定。一旦澳元没有按照中信泰富预计的方式上涨，而是出现急跌，中信泰富就不得不为这种波动承担巨大的浮亏。但由于复杂的累计期权合约强制要求中信泰富在澳元大幅下跌的过程中进一步加持澳元的多头仓位，使得中信泰富在2008年7月之后澳元暴跌的形势下，依然不断扩大仓位，蒙受的损失也不断扩大，最终导致数百亿港元的交易损失，其母公司中信集团不得不出手挽救。

从战略来讲，中信泰富把衍生品交易中的套期保值和投机的目的完全混淆了。它本该从风险管理的角度进行交易，并应为了规避风险支付一定的成本。但是，因为它在短期交易中获取了利益，就认为自己对于市场走势十分有把握，于是，把控制风险的初衷置之度外，而改为承担更高风险的投机性交易。随着交易目标的改变，整个公司的风险敞口也随之改变。在不知不觉中，中信泰富就从一家以钢铁业务为主的多元化公司演变成一个对澳元大规模下注的交易公司和对冲基金。再加上百年一遇的金融危机，整个公司几乎破产，不得不由母公司出面拯救。在一定程度上，中信泰富的教训反映了国内很多企业对于交易目的或者整个金融投资目的的盲点。进行风险控制的交易最后成为风险源头，这从公司文化、风险管理机制上来说，都明显存在巨大的漏洞。

更重要的是，对于风险管理，公司应当有明确的目标，即是为了进行投机，还是进行长期投资，或者通过套期保值管控风险，这才是核心内容。同时，应当根据投资业绩，调整投资策略和公司的整体风险敞口，并始终确保公司的风险敞口不能突破风险框架规范。只有这样，才能达到企业追求的长期目标。除了风险管理的手段和工具之外，在公司治理中，还必须加强信息披露和权力制衡。只有在风险决策过程中公司内部意见一致，才能保证相对稳妥的投资方式。如果出现独断专行，就可能出现较大的风险。

中信泰富的教训还反映了部分中国企业对于金融创新产品和衍生产品的一知半解，没有准确把握自己的权利、义务和风险敞口，对于整个公司的风险和怎么通过交易增加或减少自己的风险，都不太熟悉。从这个角度讲，笔者觉得风险管理的理念固然很重要，手法和工具也非常重要。中信泰富对于澳元升值的长期判断仍然是准确的，在2008年金融危机平息一年后，澳元又升值到危机前的水平。因此，如果中信泰富没有采用高杠杆的、收益和风险不对称的累积期货选择权，而是选择传统的简单期权合约，那么它不但可能顺利地度过百年一遇的金融危机，而且之后有可能从澳元的上涨中获得收益。

其实，该案例还反映了很多实业公司对产品风险、本公司和整个市场的联系，以及对公司基本面的把握不准确。无论是中航油交易，还是中信泰富交易，抑或在2008年金融危机中因为原油交易的巨亏遭受重大损失的中国东方航空公司、上海航空公司，都反映出公司对于整个市场走势的了解并没有自己认为的那么清晰。传统的金融交易，只要求投资者对进入点（买入价）和退出点（卖出价）判断准确。举例来说，一个散户在买股票的时候，只要有足够的资金，不需要运用融资融券的杠杆，只要准确地预测买入的价格和卖出的价格，就可以赚钱。但是，现代金融交易，尤其是在金融创新日新月异的今天，对于预测的准确度要求越来越高。在投资很多衍生产品的时候，投资者面临的不但有因为杠杆交易而带来的资金面的限制，还有金融创新带来的越来越复杂的盈利和亏损的条件。中国投资者和企业必须认识到，在日益复杂的国际金融市场中，只是预测长期的趋势已经跟不上时代的脚步。如果企业仍然用传统的金融工具来思考和交易，那么很可能不但帮不了企业管控风险，反而有可能带来更大的风险。正是由于普遍的过度自信的行为偏差，公司决策过程没有受到应有的质询和限制，才会给公司带来毁灭性的打击。

国有企业从"500强"到"大而强"

有一个更深层次的问题是，当一家公司赚了钱或者获得更高的价值后，它应该如何处理获得的价值，这也是公司治理的一个核心问题。

国内有太多的公司在获得盈利后，本应该通过简单的现金分红的方式把盈利返还给自己的股东，但这些公司为什么不愿意这么做？对自由现金流的控制权是公司高管最希望得到的，如果高管和大股东不是相同的利益主体，公司高管希望赚的所有钱都能留在公司。这样公司高管可以做他们想做的事情，可以建设属于他们的商业帝国，受到的管理与约束也相对较少。从财务角度来说,真正能讲得通的兼并收购的理由就是可以为股东带来更好的投资回报。但回顾中国过去十多年企业规模的扩大,虽然中国企业规模在全球的排名明显提高,但是企业规模的扩大却未必给股东,特别是中小股东带来更高的收益。反之,中国企业的很多并购和扩张行为的背后,反映的更多的是高管自身的职业发展考虑和民营企业家获得政府支持与资源的诉求。

2019年7月,美国《财富》杂志发布了2019年世界500强排行榜。129家中国企业上榜,首超美国。

中国企业排名的提高,一方面是因为中国企业的规模越来越大。随着中国经济腾飞奇迹的继续,越来越多的中国企业在不断满足逐渐富足的中国消费者新的需求的过程中,也在不断地提升公司的实力和规模。

另一方面是因为,有观察家指出,西方国家企业的规模在过去十多年中并没有出现特别大的增长,反而有些原来规模庞大的企业,在经历了收购、兼并、拆分等资本运作后,当前的规模相比十年前更小了。

面对这种反差,管理学专家也开始反思先前关于企业规模的思考。20世纪六七十年代,在经历了二战后的高速发展后,西方经济进入经济结构调整期。因此,很多管理学专家和公司高管都把扩大公司规模,推动企业纵向或者横向一体化作为提升企业竞争力的一个主要路径。

与此相对应的是在20世纪七八十年代,出现了众多一体化兼并的案例。通过一系列的兼并收购活动,一些历史上规模最庞大的企业或者企业集团诞生了。当今《财富》世界500强排名靠前的许多企业,都是通过一系列连续的兼并和收购活动,在相对较短的时间达到目前庞大的规模的。

然而，目前中国企业规模增长之快，甚至超过了许多《财富》世界500强中排名靠前的国际企业当年的步伐。究其原因，可能有以下几点。

第一，宏观经济的决定性影响。在中国经济过去30多年高速发展的大环境下，中国消费者对高科技、高附加值产品的需求推动中国企业持续升级产能。中国企业的规模也随着消费者购买力的提高而相应地迅速增强。但值得指出的是，随着中国逐渐进入中等收入国家之列，经济和企业增长的来源，应该更多地依赖企业质量和赢利能力的提高，而非早先相对简单的资产规模和投资规模的扩大。

第二，国家政策的导向。在提出国有企业做大做强的发展方针后，国有企业的数量按照既定的方针逐渐减少。与此同时，国有企业通过国企之间的合并和改组，迅速扩展了其资产规模和员工数量，保留下来的国有企业的业务条线也变得越来越多。

第三，国有企业的管理和考核体制决定了国企的高管有很强的扩大企业规模的动力。国有企业在追求商业盈利的同时，仍然保持了许多原来作为部委和行业管理协会的行政色彩，并担负着多重社会责任。在这种多元化的目标追求和考核体系下，虽然扩大资产规模和员工队伍并不一定能带来优越的财务回报，但很可能帮助企业在政治和社会维度更好地达到社会的预期。

那么，公司做大可能带来哪些问题呢？为什么国外很多公司却走上了缩小和瘦身的道路呢？

在经历了一段高速发展之后，西方的许多学者开始发现一个有趣的现象：对于全球最大规模的企业来说，当这些企业的资产和销售达到一定水平后，业务增长的速度便开始明显放缓，公司股价也随之踯躅不前。

管理学专家因此认为，公司规模扩张到一定程度后，业务条线越来越复杂，内部沟通越来越困难，绩效考核越来越烦冗，这为公司治理带来非常大的挑战。不仅如此，金融学者还发现，海外市场的投资者也对多元化的企业不太认可。很多研究表明，那些业务条线繁多的企业估值往往较低，得不到资本市场的认可。很多多元化企业的价值明显低于其各个板块单独上市的价值。

不仅在国际市场，一直被投资者认为非有效、欠理性的中国A股市场也表现出对专业化企业的青睐和对多元化企业的不屑。根据笔者的研究，如果把沪深300成分股企业按照业务板块的数量分类，相比主营业务超过5项的企业，那些主营业务单一的企业，无论是在总资产收益率、净资产收益率，还是在资本回报率和股东回报率方面，都有很大的优势。

投资者和资本市场为什么不喜欢大而全的多元化企业呢？

其一，因为投资者相信，在大多数情况下，资本市场能比普通企业更好地发现信息并决定最优的资本配置。但大公司内部则有可能受到公司战略和主管人员短期目标与主观判断的影响，未必能够快速准确地发现价值。

其二，基于公司治理的考虑，投资者担心管理层将公司创造的自由现金流浪费到无法最大化股东权益价值的"帝国建设"中。公司的规模越大，可供管理层浪费的资源就越多，公司的投资和营运效率就越让人担忧。

其三，一体化集团要求投资者必须按照集团公司的架构在各个不同的板块之间进行多元化的风险分散。如果每个板块单独上市，那么投资者在配置资产时就会有更大的灵活性。

作为应对措施，许多专业人士推荐公司应该适当地缩小资产规模并缩减业务条线。遵照这种建议，美国、欧洲和日本的许多大型企业集团通过公司资产和业务重组，逐渐缩减旗下的业务条线，进而从多元化企业向业务集中度高的专业化企业转化。撇开技术进步和产业结构变化的背景，很多企业的管理层和股东都受到相关研究结果的影响，逐渐相信专业化更有利于释放公司核心价值并提升公司股价。

远的不说，2012年默克多旗下的新闻集团拆分成为影视媒体和报纸出版两大主要板块的消息一经公布，就获得资本市场的广泛认可。在短短一周内，新闻集团的股价受拆分消息的刺激，上涨超过30%。

新闻集团的成功拆分，一方面是为了应对短期内严重困扰新闻集团的"窃听门"事件。另一方面是以默多克为首的新闻集团管理层终于意识到，随着新闻集团在影视和视频领域一系列兼并收购活动的开展，新闻集团的主要业务已经从增长乏力的传统平面媒体领域成功转型，进入发展仍然迅猛的影视和视频领域。但由于历史原因，资本市场仍然将新闻集团当作一个平面媒体企业来对待和估值，因此未能充分反映新闻集团高质量影视资产的价值。通过拆分，新闻集团的影视和报纸出版业务都获得了资本市场的充分理解与认可，公司的价值自然就被充分地释放出来。

除了财务绩效，国有企业对于社会资源的巨大影响也吸引了社会公众对于国企规模不断膨胀的关注。

排名《财富》世界500强的中国企业，许多都居于能源、资源行业和其他具有较强进入壁垒的垄断性与半垄断性行业。也就是说，许多企业能够发展到如今的规模，一定程度上依靠了它们所独享的制度优势和资源禀赋，而不能完全反映其管理层的能力和胆识。

譬如，有学者质疑，如果《财富》杂志以总利润而非总收入排名，中国企业的排名和上榜数目可能都会大打折扣。另外，有研究表明，中国能源资源行业的很多国企，在运营效率、财务效率和内部控制方面，与其他类似行业的国际企业相比也存在一定的差距。

因此，应该开放、鼓励、扶持民间资本逐渐以合资参股等方式，介入以上垄断性和半垄断性行业。此举不但可以帮助社会和资本市场更好地理解和认可国有企业经营的成绩，而且可以借助"鲇鱼效应"，引入竞争机制，进一步提升国有企业的竞争力。这不仅能对国有企业改革产生正面的推动作用，而且能帮助国内民间资本找到良好的投资方向和下一步发展机会，从而帮助中国经济实现增长模式的转型。

有趣的是，世界银行在 2012 年对中国经济可持续发展发布的报告特别指出，国有企业改革对中国下一步经济和社会改革，起着举足轻重的作用。世界银行和国务院发展研究中心的研究表明，目前中国国有企业规模过于庞大，导致其效率低下、资源浪费。因此，如何进一步改革国有企业的经营模式，提升国有企业的赢利能力，削减国有企业的规模，直接影响今后中国经济的走势。

除去对自然资源的垄断之外，国有大型企业也对中国当前仍相对匮乏的资本具有强大的掌控力。在经历 2008—2009 年超大规模的经济刺激政策后，中国作为一个相对独立的经济体，整体而言处于流动性泛滥的局面。但是由于中国金融体系相对欠发达，金融行业的"媒介"作用发挥不充分，中小企业面临明显的资金紧张局面。

与此同时，国有企业利用其国资背景和庞大的资产规模，可以相对容易地获得廉价的银行信贷资金。除投入资金以期进一步扩大自身规模外，还有一些企业把资金投到非主营业务的房地产项目和高息放贷业务，这进一步加剧了中小企业融资的困难和资产泡沫，也进一步扭曲了中国的金融体系。

因此，对国有企业普遍存在的"大而不强"的现状进行改革，已经到了刻不容缓的地步。根据国际经验，企业重组、分拆和剥离，可能是国有企业改革难以逾越的一个环节。

针对这种建议，国内有一种看法，认为吸收社会资本进行国有企业的重组改革和国有企业非核心资产的剥离，会导致国有企业控制权丧失和国有资产流失。

其实不然。国有企业完全可以在保持控制权的前提下进行各板块财务绩效的分别考评。在公开透明的板块运营和财务信息的前提下，企业内部才能更好地评价各个板块对公司总体利润的贡献，投资者才能充分了解企业各板块的优势和价值，并给予公司公正的估值。

只要在资产的剥离、拆分和重组过程中，交易能够建立在市场决定的公允价格上，那么这类交易非但不会导致国有资产的流失和缩水，反而会因企业重组提升公司核心价值并吸收社会公众资本，从而帮助国有企业在保障效率的前提下扩展规模，真正实现国有企业的做大做强、做强做优。

中国经济下一阶段的成功，取决于中国国有企业的成功；而中国国有企业的成功，取决于它们每个业务条线的成功。因此，如何调整国有企业的组织机构，以充分发挥其各个业务条线的赢利潜力，对中国经济的下一步发展会有特别重要的影响。

国外大型制造业集团化的企业数量在1980—2000年大量下降。与此同时，过去10年，国资委对国资提出的要求是国有企业要"做大做强"，这是国资委前一段一直强调的我国国企发展的趋势。但问题是做大之后能不能做强。2012年，国务院发展研究中心和世界银行做了一份中国2030年的研究报告，里面提到，中国经济改革的难点和关键点就是国有企业效率的提升。越来越大是不是真的能够变得越来越强，这取决于国家的政策和企业的努力。

专业化的企业越来越多，多元化的企业越来越少，这是过去30年国外大型企业出现的一个趋势。特别是在美国、欧洲，这个趋势很明显。为什么会这样？以下是我们的一些研究成果，由此也可以思考一下中国企业下一阶段的发展方向。

2004—2010年，国内沪深300成分股平均每家公司的业务板块从原来的2.4个上升到约2.9个，上升了25%~30%。由此可以看出，中国企业在朝着多元化的趋势发展。当然，由于中国经济发展的阶段和发达国家不同，国情、企业年龄也不尽相同，因此这种多元化的发展趋势并不存在很大问题。

对这些企业来说，它们的运营效率如何？是专业化的企业更好还是集团化的企业更好？研究发现，对于沪深300成分股企业来说，随着企业业务板块数的增加，市净率（PBR）、净资产收益率（ROE）、资产回报率

（ROA）以及投入资本回报率都呈下降趋势。可以看出，资本市场并不是很认可这种多元化发展。因此，在国内资本市场不是很完善、发达的阶段，从股东回报和资本回报的角度来说，做大不一定能做强。与此同时，研究发现，如果有些公司逐年减少它的板块数量，它的市净率往往是最高的。

这一点其实并不难理解。从国际上来讲，无论是基金、公司资产，还是整体销售，随着企业规模的扩大，管理的难度和挑战也会随之变大，企业的业绩和盈利水平也会因此降低。这也在一定程度上解释了为什么资本市场会在公司公布收购计划的时候，给出大体负面的反应。那么公司高管为什么这么热衷于兼并收购呢？我们会在之后对高管行为的讨论中给出更多兼并收购活动有利于高管，但不利于股东和投资者的解释。

500强的挤出效应

2019年，美国《财富》世界500强企业榜单出炉，在世界销售规模最大的500家企业中，有129家来自中国，历史上首次超过美国（121家）。即使不计算台湾地区的企业，中国大陆的企业（包括香港的企业）也达到119家，与美国数量旗鼓相当。这是一个历史性的变化。从2013年的95家企业到2019年的119家企业，中国企业经过短短几年，就实现了和美国企业并驾齐驱的骄人成绩。

很多媒体注意到中国上榜企业大多是国有企业，而且有很多是在垄断行业具有垄断地位的大型中央国有企业。这一趋势又让人不禁想起过去一段时间以来一直困扰中国经济的中小企业融资难、融资贵的问题，不禁想到如何真正让民营企业获得市场公平的竞争地位，以及中国经济下一阶段增长模式等重要问题。

要回答中国经济的这一系列问题，可能就要讨论一个在国内相对没有受到足够关注的"挤出效应"的问题。什么叫作挤出效应呢？这是经济学家最初对于凯恩斯学派利用政府消费，利用政府刺激推动经济发展提出的一种质疑。很多经济学家指出，在政府通过政府消费和投资达到刺激经济的目的的时候，确实可以创造一种新的需求，也可以在短期推动经济发展。但是，在政府提供大量的投资和刺激政策之后，就会对原来存在于经济中的私营经济，或者市场经济中原有的需求和投资的动力，形成一种压抑和挤出效应。有可能因为政府进行了大量投资，导致社会利率水平上升，也导致很多原本可以进行投资和生产的民营企业，因为成本上升而决定不再进行投资和生产。还有一个可能，就是随着政府投资提供越来越多的产品，导致私营企业的发展空间受到挤压。

挤出效应问题的核心，就在于无论对于一个企业的发展，还是一种经济增长模式的发展，都需要给出一个全面和正确的评价。我们不能只是因为看到一个经济里面一个部分的高速发展，就盲目地认为这一定是一件好事。因为从总体经济的角度看，随着经济中某一部分的发展，很可能会影响经济中其他部分的发展，甚至有可能阻碍或者破坏经济发展的可持续性。

因此，国有企业的发展壮大也有可能给中小企业带来挤出效应。这里面很直观的一点，就是在过去几年大家常说的"国进民退"现象。在这个过程中，很多国有企业利用资源、资金、监管上的优势，占据了大量本来属于私营企业或者中小企业的市场空间。

在这个过程中，随着产业的逐渐集中化，集中甚至垄断领域的消费者往往要支付更高的价格。不仅如此，很多大型企业，利用在垄断行业的优势和高额利润进入那些原本竞争比较充分的领域。久而久之，又有可能创造出新的集中和垄断性行业。大型企业在人才、原材料和经营方面的优势，给那些没有垄断资源和优势的企业的发展与存活带来巨大的挑战。

大型企业因为规模和运营相对稳定，也会特别得到银行的青睐。出于风险考虑，银行很可能更愿意以较低的利率向大型企业提供贷款，而不愿意以更高的利率向中小企业提供贷款。这从一定程度上间接挤占了中小企业的融资途径，也进一步加重了中小企业融资难的问题。从这个角度来讲，大企业发展的挤出效应并不仅仅局限在价格信号和需求环节，而可能在各个领域潜移默化地产生影响。

另外，经济学研究表明，政府行为的挤出效应，在不同历史时期和不同经济环境下的影响是非常不同的。在经济运行远远不能达到完全产能水平的时候，政府消费和刺激可以进一步推动经济发展。

如果在经济已经接近产能极限，再利用政府刺激则很难产生更多的社会总需求。结果往往只是挤出效应：把原来由民营企业或者市场经济提供的产品和服务，以政府的投资和刺激的手段提供出来，这对经济增长的贡献相当有限。在我国目前主要产业都出现产能过剩的情况下，进一步刺激经济或者推动国有企业扩张，有可能抑制民营企业和中小企业的发展。

国际经验表明，随着中国经济逐渐进入中高收入水平国家的经济发展阶段，中小企业在持续推动经济发展、就业增长、商业模式创新和技术进步，以及社区和城镇化进程方面，都有可能起到大型企业所不能起到的作用。

因此，如何平衡《财富》世界500强企业和中小企业的关系，其实对于下一阶段中国经济增长模式的转型、城镇化的发展，以及市场经济和金融体系的进一步改革，都会起到举足轻重的作用。

因此，我们在为中国有越来越多的企业入选《财富》世界500强欢欣鼓舞和鼓足干劲的同时，一定要抱持"均衡"的理念，全面地考虑任何一个事件对经济和社会的影响和冲击。片面地追求规模、追求排名、追求短期业绩，无论对于企业本身，还是对于整个经济和社会，都可能带来让人始料未及的风险和后果。

07
损人利己的高管

有些公司高管为了达到让自己的期权增值的目的，会故意参与或者投资一些高风险项目，这会增加公司面临的风险。如果这些风险带来收益，那么收益会被公司高管以奖金和股权的方式获取。如果这些风险带来损失，那么将由股东买单。

高管薪酬

在本章，我们将具体讨论一下高管对公司掌控能力的一个重要方面，即公司高管的薪酬问题。公司高管薪酬已成为全世界和全社会高度关注的问题，这在一定程度上也是2012年在美国出现的"占领华尔街"运动的原因。游行者表面上反对华尔街拿高薪的高管，其实反对的是整个美国商业社会的贪婪。从1970年到现在的50年，在扣除通货膨胀因素以后，企业高管薪酬上涨了4倍左右。而与此同时，美国的普通员工，也就是普通的蓝领或者白领职工的薪酬在扣除了通货膨胀因素后基本上没有什么实质性上涨。公司高管这种400%的收入上涨背后，其中一半左右的薪酬上涨来自股权激励，另外一半来自工资和其他福利的增长。同时，高管的高薪酬逐渐成为一个全球现象，不仅在美国，包括中国在内的其他国家，企业高管都拿到了越来越多的公司股权和越来越高的薪酬。

高管薪酬在过去20年里成为全球性的社会问题。最开始，这只是一个少数人收入比较高的问题。随着高管整体薪酬越来越高，享受高管待遇的人越来越多，高管薪酬逐渐成为一个重要的社会问题。我们在后面谈到的 2012 年美国的"占领华尔街"运动，很大程度上就是反对高管薪酬和高管薪酬背后的这种比较急功近利的公司文化。

那么高管的薪酬到底有多高？我们可以从两个维度来看待这个问题。

一方面，从绝对水平的维度来看，美国有一项调查发现，即使在 2007—2008 年金融危机期间，高管的平均薪酬仍高达 1100 万美元。这是在当年美国股市下跌 30% 的背景下，在广大股东承受高额损失的时候的薪酬。股价大跌，但高管的薪酬却没有明显下跌。根据美国《福布斯》杂志的统计，2012 年美国收入最高的高管是麦克森公司的 CEO，他在一年里获得的所有薪酬加在一起是 1.3 亿美元。他在 5 年时间里，薪酬总额高达 2.85 亿美元。在同样的时间里，还有一些企业高管，虽然在 2012 年的收入没有麦克森的 CEO 这么多，但是因为这些高管持有大量公司股票和股权激励，其实总薪酬比麦克森的 CEO 的薪酬还要高。

另一方面，从历史的维度来讲，高管的薪酬和普通员工的薪酬之比也达到一个非常惊人的水平。有研究把美国高管的平均薪酬和普通工人的平均薪酬做了一个比较。1966 年，前者是后者的 25~30 倍。1980 年，前者是后者的 40 倍左右。1990 年，基本到了 100 倍。此后，两者的差距完全失控，在 2000 年互联网泡沫最高峰的时候，达到 525 倍。这个比例随着互联网泡沫的破裂，得到了一定程度的修正。这里面的一个主要原因是很多高管的薪酬不仅仅是工资，更多来自公司授予的一些股份或者可以以低廉的价格购买公司股份的股权。这种股权在牛市的时候是非常有价值的。在 2007—2008 年金融危机期间，虽然情况比互联网泡沫的时候稍微有所改观，但是仍然处在一个历史高值。2006 年，高管的收入是普通员工收入的364倍，在2007年则达到344倍。

其实很多人并不是特别了解当前高管薪酬的构成，而只是关注高管每年拿到的工资。事实上，高管薪酬的大部分并不是来自工资，工资只占公司高管收入的一部分，甚至一小部分。公司高管的收入通常由工资和短期激励或者奖金两部分构成。如果公司的高管达到某些目标，比如成功完成一次收购业务，或者帮助公司进行了国际性的扩张，或者帮助公司提升运营效率，都可以获得额外的奖金。

高管的收入构成里面增长最快的一部分，则是公司的股权激励。公司会发给高管一些可以自由交易的股票，或者受限制短期不能卖出的股票，或者可以低价购买公司股票的股权。在这些激励形式中，增长最快的还是公司发放的股权。公司高管在完成某些任务之后，或者公司运营达到某些标准之后，就可以获得大量的公司股权。从一定意义上讲，很多学者或监管者当初建议利用股权激励高管，就是希望能够把公司高管的利益和股东的长期利益结合在一起。股票价格上涨之后，股东可以从中获利，公司高管也相应受到鼓励或者从中获利。

但是在真正实行的过程中，存在两个很大的问题。第一，公司的高管在进行某些操作的时候，占据信息优势。美国在20世纪90年代出现了一个比较普遍的现象：公司在给高管提供股权的时候往往会挑一个比较"好"的时候。例如，公司往往会选择公司股价大跌之后，或者在好消息宣布之前，给高管提供一个集中购入股权的机会。第二，公司董事会给高管发放股权，很多时候也是在公司高管的授意或者要求之下。有些时候是因为公司高管了解公司情况，而利用这些情况给自己的股权合约提供一些有利的信息。

过去十几年间，这种有利于公司高管薪酬的期权回溯的问题在美国非常普遍。学者、监管层和美国国会都对这个问题给予了高度关注。其中比较有名的，就是博科通信系统公司在1999—2004年互联网泡沫的过程中，使用了不正确的计价给公司高管提供了大量的股权激励。最后通过正确的计价之后发现，公司给高管提供的优惠股权给广大股东带来7亿美元的损失。其他比较有名的案例包括苹果公司的CEO乔布斯、计算机大王戴尔公司的CEO戴尔，他们也都是在公司给高管发放股权的时候，因为计价不准确和信息披露不完备，而受到美国证券交易委员会的调查。这在美国曾是一个比较普遍的现象，据不完全统计，在美国共有3000多家上市公司采取过不同方式的重新计价来给高管发放股权。这种重新计价的期权回溯发放其实对于股东来讲没有任何意义，却给公司高管带来巨大的收益。因为这种廉价股权几乎相当于给公司高管提供无偿的奖金奖励，所以高管往往可以轻易地套现公司股票。这其实是公司高管利用公司治理的漏洞，来提高自己的薪酬。但由于这种激励几乎没有任何约束和限制，所以公司高管获得的高收入是完全以股东权益的损失为代价的。

公司给高管发放更廉价的重新计价的股权合约，这是股权激励产生的问题之一。股权激励产生的另外一个问题，是公司高管和股东对于长期股票表现的追求不同。因为公司高管拿到手的股权合约的价值会受到公司股价波动的影响，这就使得高管比较关注公司短期的表现和投资收益，而未必关注企业长期的发展和目标。股权理论表明，一家公司的股价波动越大，公司高管持有股权的价值也就越高。这是衍生产品或者股权领域的一个基本理论。从这个角度讲,很多公司的高管会因此有很强的动力冒更大的风险,使得公司的股价更具有波动性,以达到增加自己的股权价值的目的。有些公司高管为了达到给自己的股权增值的目的,会故意参与或者投资一些高风险的项目,来增加整个公司的风险。这些风险如果带来正向的结果,那么收益是由公司高管以奖金和股权的方式获得的。但是,如果这些风险导致了损失,那么很可惜,这些损失都将由股东承担。

股权激励最初是希望有效地把高管的利益和股东的利益绑定在一起,公司高管在很大程度上确实也起到了提升企业价值的作用。本书之所以对公司高管的薪酬进行解读是出于以下4个原因。第一,很多投资者并不了解公司高管的薪酬竟会如此之高,而且这些公司高管的薪酬是以股东的收益为代价的。第二,很多投资者并不理解公司高管的薪酬构成,不知道股权、工资、在职消费分别占多少比例。第三,很多散户即使知道公司高管薪酬的这些问题,也很难对公司政策和高管的薪酬进行有效监督与约束。第四,很多大型机构投资者为了保持和公司高管的良好关系与通畅的沟通渠道,也不会特别严厉地约束公司高管的薪酬水平。在这种大环境和背景下,投资者应该了解公司高管的收入为什么一直上涨。

到底有没有必要给公司高管提供这样丰厚的奖励呢?目前从学术和政策研究的角度来看,并没有一个明确的答案。支持者认为,拿到高薪的高管与那些薪酬相对比较低的高管相比,确实能让公司股票在短期表现得更好。反对者认为,比较好的股票表现只是一个短期现象,如果考虑股票的长期表现,实际上拿高薪的高管和薪酬相对比较低的高管所管理的公司的股票长期表现相差不大。拿高薪的高管所管理的公司的股票短期表现比较好，是因为这些高管在短期之内有非常强的动力推升公司的股价，以使自己获得更高的收益。从这个角度来说，高薪只达到了激励高管的目的，而没有真正把高管的目标和投资者的长期目标很好地结合在一起。

同时，可以想象，公司的高管在拿了高薪之后可能会出现两个问题。第一，高管会觉得自己不可一世，进而改变自己在公司内部和外部的行为与态度。高管的行为与态度，有时又会引发社会对于公司管理层的不满。第二，由于高管的薪酬如此之高，容易引发中产阶层和普通员工的强烈不满，这在一定程度上也会挫伤或者打击员工的积极性。从管理的角度来说，公司高管的薪酬问题确实值得思考。

在职消费

现在美国很多公司的高管意识到公司董事会包括美国国会对他们越来越关注，而现金或者股票激励的方式，不但在税收方面没有优势，而且容易引起社会关注。因此，他们逐渐学会用在职消费的方式满足自己的需求。

根据对美国高管在职消费的调查，67%的高管的在职消费包括社交派对和聚会，55%的高管的在职消费包括公司配车，33%的高管的在职消费包括离职的黄金降落伞安排，17%的高管的在职消费包括个人财务管理咨询，10%的高管的在职消费包括配偶的差旅费用。由于美国人力成本高昂，所以对高管来说，这些服务比税前收入更实惠。公司为高管提供用车是相当普遍的现象，很多公司还提供私人商务飞机或者直升机服务。

除此之外，很多公司都会为自己的高管长期租用非常昂贵的公寓，这一点在很多国际投行的中高层管理人员中屡见不鲜，而费用说到底都是由股东承担。

根据非营利性机构的调查，2010年，格帝信托公司的一位高管曾要求公司给他购买一辆保时捷卡宴作为公务用车；美国大型连锁店梅西百货公司的CEO要求股东拿出8.7万美元将他的悍马吉普车改装成完全防弹的，有人说他那辆车其实比坦克还要坚固；美国通用电气公司在CEO韦尔奇退休之后，为其提供终身房租，而他在纽约的公寓租金高达每月8万美元。美国的维亚康姆公司在与哥伦比亚广播公司合并之后，由于有两位高管都要搬家，所以在搬家之前，虽然他们仍住在自己位于纽约的家里，但是公司为他们提供了"临时住房补贴"——分别为10万美元和4万美元。有人戏称，这是史上最轻松的"搬家"了。

这就是在职消费的魅力。

美国大陆航空公司给所有的董事提供可以终身免费乘坐大陆航空公司航班的福利。公司同时保证，如果董事去世，他们的家庭成员每年还可以继续享受10年每年一万美元的大陆航空公司的飞行礼券。谷歌也以名目众多、新奇的在职消费福利而著称。谷歌每年支付130万美元向美国国家航空航天局租赁公司附近一个飞机场的跑道，用于谷歌高管的私人飞机起降。每年130万美元的费用自然完全由谷歌的股东承担。这就是我们讲的"损人利己的高管"的在职消费。

再讲一些比较极端的案例，美国有一家公司名叫泰科，它因为财务欺诈受到美国证券交易委员会的起诉，我们讲的这个事件的主角也因为这场财务欺诈受到起诉,正在监狱里服刑。他在担任泰科 CEO 期间,经常使用公款进行消费。有一年,他以特殊股东大会的名义邀请了 75 位好友在意大利的撒丁岛给自己的太太庆祝生日,并且还花费 25 万美元邀请一位著名歌星专程飞到撒丁岛为大家演唱。那次共花费 200 万美元,而所有的费用都由股东承担。此外,媒体还爆料,他在装修自家公寓的时候,用公款购买了一根价值 6000 美元的由黄金包裹的挂浴帘的横杆。可以想象,连这种物品都可以用公款购买,那基本上没有什么是不可以通过公司的在职消费满足的了。

如果你觉得以上描述的在职消费太离谱,下面还有更离谱的:美国家政女皇玛莎·斯图尔特所在的上市公司为其支付了 260 万美元以保留她的私人别墅,公司每年还会向她支付 5 万美元用于其在周末雇用司机和车辆;阿贝克隆比 & 费奇公司给 CEO 迈克尔·杰弗里斯支付了 400 万美元的特别奖金,以劝说他放弃之前公司承诺的无限量的商务机旅行计划;美国西方石油公司每年向其 CEO 雷·伊拉尼支付 39 万美元以用于其购买个人理财服务;拉斯维加斯金沙赌场向其总经理谢尔登·阿德尔森提供价值 245 万美元的安保服务,并且以 600 万美元的价格租赁两架波音 747 客机供阿德尔森使用;等等。

在职消费除了肥了高管、苦了股东之外,还有什么害处呢?研究者认为,私人商务飞机服务是公司为高管提供过度在职消费的证据。于是,有研究表明,1993—2002 年,美国的《财富》世界 500 强公司,有不少为高管提供了私人商务飞机服务。公司能够提供这么慷慨的在职消费,一方面说明这些公司赚了很多钱,现金流充裕,但没有把利润返给股东。另一方面，这也说明这些公司高管在公司运营过程中有非常大的话语权，他们可以说服或者要求公司给他们提供比较过分的个人福利。研究发现，无论是何种私人服务，服务越多，公司给股东的回报就越差。

这就说明，不受约束的在职消费既不能给公司高管提供很好的激励，也浪费了投资者的大量财富。这直接导致公司高管获得了很高的收益，但是公司股票的表现却较差，公司股东的投资收益也相对较差。从这个角度来说，在职消费给公司高管带来的是美好的享受，给公司股东带来的却是糟糕的回报。

还有一些公司高管会以企业的名义进行捐赠。高管将资金捐给他们支持的慈善机构，或者给体育场冠名。比如姚明原来所在的休斯敦火箭队的主场丰田中心球馆，就是以日本丰田汽车公司命名的。要给体育场冠名，公司必须购买这些体育场的冠名权。研究表明，这些给体育场冠名的公司，其股票表现和同类公司相比，在冠名后均出现了比较明显的下滑。

研究还表明，这些公司会把较多的资金投到不能给股东带来明显收益的地方。这也说明这些公司的现金流比较充裕，但没有进行有效的投资。因此，这些公司没有给股东带来更多的财富，而是浪费了股东的资金。从这个角度讲，以在职消费激励公司高管有非常大的局限性。

还有很多研究发现，公司除了股权激励之外，还会给高管提供大量不需要抵押的贷款。第一，这些贷款金额很大。在美国世通公司破产之前，给自己的高管共提供了 4 亿美元左右的贷款。第二，这些贷款不但金额巨大，而且成本很低。当时，整个市场的贷款利率是 5.5%，而世通公司给高管提供的贷款利率只有 2.15%，大幅低于市场利率。这其实是给公司高管提供了一大笔现金流，是成本非常廉价的融资。

即使这些高管获得贷款，也并不会严格执行较低的利率，比如公司因为要与高管解除合同或者因为公司股价大幅下跌，高管没有获得原来预期的股权收入，有些公司就会说对高管说："你不用偿还公司之前借给你的低息贷款了，以此补偿你没有获得的收益。"无论采取什么方式，我们发现高管在这个过程中都会获益，受损的都是上市公司及其股东。

还有一点，他们在目前高薪的前提下，多挣 5 万、10 万、100 万对他们来说并没有太大区别。因此，对于这些高管来说，赚更多的钱并不是他们的追求。他们追求的是社会地位或者行业影响力。因此，很多高管虽然在这些直接的或者现实的在职消费上没有获得更多的好处，但并不在乎，他们追求的是把公司做得更大、更强，让它在整个行业乃至整个世界更有影响力。我们在前面谈到，高管很希望将公司做大。但研究表明，规模越大、结构越复杂、业务条线越多，公司的财务和运营往往越会出现问题。

这里面就有一个悖论：高管利用他们的权力和对公司的控制，能够将公司做得更大、更有影响力，这会让他们在物质、精神以及社会地位上获得丰厚的回报，但是这一点却不会给公司股东带来更好的收益。

美国投资者和公众能够从互联网上获得比较全面的信息，因此对上市公司的监督相对严格。另外，美国有些对冲基金专注于提升公司治理和赶走浪费股东资金的高管，也对公司高管施加了更多约束。由于缺乏这种成熟的市场环境，在职消费在国内非但不陌生，而且很可能存在比美国还严重的问题。天价吊灯、天价酒、超标配车、"三公"消费、大吃大喝，在国内都是较为普遍的现象，而且情况可能比我们知道的更为严重。在国内的激励机制里面，由于不允许进行股权激励，很多高管便利用在职消费的方式激励自己。

其实，隐性的在职消费不如显性的股权激励对公司有益。因为股权激励至少给高管提供了一种提升股价的动力，也就是说把股东的利益和高管的利益在一定程度上结合到了一起。但是如果只提供在职消费，那么公司实际上提供了一种基本没有约束的补偿。高管即使获得了丰厚的在职消费，也并不一定有很强的动力管理公司并提升股价。从这个角度来讲，基本上是股东在为公司高管的在职消费买单。

根据笔者在国内的研究，由商业银行较多持股的上市公司的高管的薪酬虽然并不是很高，但是在职消费比较严重。同时中国 A 股市场没有明显的证据表明，提供在职消费可以更好地激励高管，可以帮助公司获取更高的股权收益。从股东的角度来讲，在职消费完全是以股东的利益为代价给公司高管提供福利。

高管壕沟效应和关联董事

所谓壕沟效应，就是说一家公司的高管可以挖一条壕沟，用董事和董事会作为防御机制，防范其他公司对自己的公司进行收购。在资本运作中，收购对于股东来说是一个非常有利的交易，因为被收购方的股价往往因为收购方提出要约而大涨，这会给被收购方股东带来较高的收益。为什么有的时候公司会被其他公司收购？有的时候是因为这家公司本来经营得很好，但是公司高管没有很好地尽到提升股东价值的义务；有的时候是因为公司高管把很多财富用于自己的在职消费，用于一些不利于公司增长的方面，浪费了公司的资源。在这些情况下，外界的股东或者投资人，通过收购这家公司，改善公司治理，更换管理层，可以达到提升公司运营效率和股东回报的目的。

高管有时候会通过利益输送或者和其他企业搞好关系，说服董事站在自己这一边。在20世纪八九十年代，美国的企业为了防止恶意收购，推出了一项很重要的防御措施，即分层或者分类的董事会。这种做法把董事会不同的人员分成不同的层级或类别。在此前提下，不同层级或类别的董事不能被同时更换掉，必须分层或者分类更换。这样就增加了收购方控制董事会的难度，也增加了收购方整合被收购公司的难度。这样一来，一方面高管可以利用这种方式加强自己对董事会的影响，同时加强自己对公司的掌控。另一方面，为了获得董事的支持或者认可，高管也会用比较有吸引力的商务活动增强董事对自己的好感，并赢得董事会成员对自己工作的支持。这就是"损人利己的高管"的壕沟效应。

为了保护自己和提升自身影响力，很多高管还会严控董事会的结构以保护自己。众所周知，公司董事会应该代表公司股东遴选、考评和约束高管，尤其是总经理，但是随着美国资本市场里董事会和总经理之间的争斗愈演愈烈，现在董事会越来越倾向于支持高管（除总经理）。在此前提下，高管（除总经理）在整个董事会选举过程中的影响力越来越大。与此同时，高管（除总经理）在对待董事的时候，也会给予其特殊关照。

相关研究发现了支持上述观点的证据。例如，在美国上市公司的董事会里非常有可能出现两种人：一是和高管上过同一所学校或者是同一个俱乐部的成员；二是那些和高管进行过一些兼并收购交易，有过密切往来的人员。这些人成为公司董事后往往会造成两种影响：一方面，董事会可能变得越来越支持高管，即出现公司董事会的壕沟效应；另一方面，高管和董事都会对恶意收购加倍提防，起到保护现任高管的作用。

整个董事会稳定性的提高，保证了董事会可以相对稳定地支持公司高管。与此同时，那些和公司高管业务关系比较紧密的外部董事，无论来自其他公司、商业银行还是投资银行，一旦由他们担任上市公司的董事，对公司的业务发展确实就会产生一些影响。这些董事带来的影响，对于他们所效力的上市公司的发展未必有很好的帮助，但有可能对于董事自己及其全职工作的公司产生一些帮助。

比如有研究发现，如果董事是从其他企业聘请的外部董事，在担任董事期间，他更有可能促成自己公司和自己担任董事的公司进行一些关联性的交易，比如兼并收购，或者共同经营合资企业，等等。如果某董事来自商业银行，这家公司今后很有可能从这一商业银行获得更多的商业贷款。如果某董事来自投资银行，这家投资银行在今后很有可能会为这家公司做增发业务、债务发行业务，或者为兼并收购业务提供财务顾问服务。也就是说，董事在支持高管工作的同时，高管也会投桃报李。在公司治理的理论和实践里，原来的董事会严格监督高管、高管接受董事会监管的关系，变成了现在的董事会成员和公司高管之间相互帮助、相互利用的关系。因此，原来董事会应承担的帮助公司股东对高管进行监督的职责在一定程度上被弱化，两者的关系变为一种更紧密的商业合作关系。

离职安排：黄金降落伞

高管除了在上市公司任职的时候能够享受丰厚的待遇，在离职的时候也能够享受"皇室"般的优厚待遇。所谓黄金降落伞，是指公司在高管退休的时候给高管提供的非常优厚的待遇和安排。这种黄金降落伞的安排，往往是出于两种不同的目的。一是公司找到了新的或者更好的管理层，为了让新旧管理层能够顺利交接，而给现在的高管提供一个待遇优厚的退休计划。二是公司在兼并收购过程中，收购方为劝说被收购方把公司卖给自己，并引入收购方的新团队，而给被收购方的高管提供很好的安排以劝说他们离职。所谓优厚的安排既可以是奖金，也可以是股票以及其他的一些利益。这种做法从1960年左右开始出现，现在被应用得越来越多。

法国可能是欧洲使用黄金降落伞比较多、规模比较大的国家。在法国，高管在离职的时候通常可以领取相当于其平均年薪两倍的离职奖金。而在美国，这个趋势也愈演愈烈。2008年全球金融危机期间，就连当年美国总统候选人都曾针对是否应该允许黄金降落伞以及如何执行黄金降落伞而展开了非常激烈的辩论。黄金降落伞的安排已经越来越引起社会的广泛关注，不少高管的退休福利甚至超过一亿美元，这让很多已经对高管的高薪酬见惯不怪的国家都感到非常震惊。

在这里我们可以举几个极端的例子，来说明黄金降落伞的"含金量"可以高到什么地步。这里面最有名的是通用电气公司的高管杰克·韦尔奇。韦尔奇在成功地带领通用电气成为全美最大的综合性控股公司之后，获得了全球企业界的广泛认可。他在 2001 年退休的时候，一共获得了 4.17 亿美元的退休福利，还不包括公司在纽约中央公园附近为其租的一所月租达 8 万美元的公寓，以及所有纽约一线体育赛事和表演的最佳座位门票。美国有超过 20 名高管在自己的职业生涯结束的时候，获得了超过一亿美元的黄金降落伞。很多公司在给予高管退休福利的时候，其金额不是按照他为公司创造的利润来计算的，而是按照他在退休或者离职时，公司总销售收入的 0.1%~0.2% 来计算。对于很多市值超千亿美元、销售过百亿美元的企业来说，这是一个非常大的数目。从这个角度来说，公司高管不但在职的时候通过薪酬、在职消费达到了自己的消费目的，他们在离职的时候也会获得优厚的待遇。

高管的这种待遇，饱受各界批评。支持的人说黄金降落伞能帮助公司更容易找到更好的管理层，同时让现在的管理层平稳离职。黄金降落伞也能够帮助公司管理层更专心地管理公司业务，而不用考虑公司是否会被收购、怎么防止收购等与股票价值没有太大关系的事。

反对者认为，高管获得的高额薪酬足以让他们应对被解雇的风险。世界上任何一种职业、任何一个岗位，都有可能面临被解雇的风险，这是不可避免的风险，不应该为此支付额外的报酬。同时，高管就应该为公司利益尽心尽力。找到更好的人取代自己，从而让公司利益最大化，本来就是高管的职责，所以他们不应该再接受其他收益。

反对者还列举了其他理由。他们认为，公司在提供黄金降落伞的时候，扭曲了公司高管的激励机制。比如两家公司都想收购自己的公司，其中一家公司想在自己公司现有股价上加价20%。另外一家公司只想加价15%，但许诺给高管一个非常有吸引力的黄金降落伞。被收购方的高管可能出于自身利益的考虑，更偏向于接受后者的收购报价。

由于以上这些有争议的情况，美国在2008年金融危机之后，推出了《多德-弗兰克法案》，要求在安排黄金降落伞时，公司必须及时披露相关信息，并且必须经股东大会批准。

08

激励机制
对高管行为的影响

通过股权来激励高管的初衷是好的，
但是在实施过程中，正是因为有了股权激励，
公司高管的目标和股东的长期目标不会趋于一致，而会趋于不一致。
有时，公司高管考虑的并不一定是股东的长期投资收益，
而是如何最大化自己持有的公司股票的价值，
如何让自己的财富进一步增长。

近些年来，公司高管的薪酬大幅上涨（比 1970 年的水平高出 4 倍），其中 50% 左右是以股权形式发放的薪酬激励。在获得股权激励之后，企业高管有很强的意愿要把公司股价在短期之内推高，通过股权升值获得更高的收入。随着越来越多的公司采用以期权或者股票的方式激励高管，高管有的时候会有一些自私的动机，或者做出一些不利于企业和股东长期利益的决定。

通过股权激励高管的想法是好的，但是在操作过程中会发现，正是因为采取了股权激励，公司高管的目标跟股东的长期目标不是更一致，而是更不一致了。可以想象，公司高管的股权激励，很大一部分来自股票的波动。所以从公司高管的角度来讲，他们希望公司的股价产生更强的波动。股价波动越大，那么高管所持有的股权价值就越大，也就意味着公司高管本人能够获得更高的收益。国外研究也发现了这一点，持有公司股权越多的高管，所在公司的股价波动幅度也越大。这印证了以下事实：有的时候公司高管本身考虑的并不一定是股东的长期投资回报，而是如何最大化自己持有的金融资产的价值，如何让个人财富进一步增长。

除此之外，在美国还有其他的研究发现，比如，上半年或者前三个季度排名比较落后的基金经理，到了下半年或者最后一个季度，会大大提高他们投资组合的风险（国内也曾经出现类似的情况）。因为基金经理每年都有排名，排名比较靠前的基金经理会获得很高的奖金，甚至获得明星基金经理的头衔，但是排名比较靠后的基金经理可能会面临减薪甚至下岗的结果（在国内基金经理行业有末位淘汰的做法）。如果一个基金经理的业绩不好，他就很可能被淘汰。因此我们注意到，下半年特别是后几个月里，那些上半年投资业绩比较差的基金经理往往会大幅扩大他们整个投资组合的风险敞口。随着风险敞口的扩大，基金的净值就有可能产生更强的波动，收益的波动性也越来越大。对于上半年表现不是很好的基金经理来讲，如果他们的运气足够好，高波动率是可以给他们带来比较好的收益的，帮助他们把上半年落后的业绩追回来，也帮助他们保住自己的饭碗。如果他们的运气比较差，后几个月的业绩也比较差，他们也并不在乎，因为上半年他们的业绩本来就比较差了，再差一点儿对他们来说也没有什么区别，反正到年底的时候他们都会丢掉饭碗。

根据笔者在台湾的研究发现，对于在台湾股票交易所交易股指期货的交易员来说，他们在同一个交易日里，如果上午赚钱了，他们在下午很可能会降低自己的风险；相反，如果他们在上午亏钱了，他们很可能在下午增加自己承担的风险。之所以这样做，也是因为他们想通过提高波动率、增加风险，把上午的损失弥补回来。

一定程度上这可能是因为交易员有一个心理上的平衡，他希望每天收市的时候,自己都能处于一种不承受损失的状态。另外,这可能也跟期货公司的考评标准有关。有些公司会考评一个交易员在一个月有多少天在收盘时是赢利的,或者在每周内是亏损还是赢利。如果公司用这些标准考评交易员业绩的好坏,将会导致交易员策略性地调整自己的仓位和风险敞口,以调整整个投资组合的收益和风险,从而顺利达到公司的要求。

以上证据表明,无论是企业的高管、公司的董事,还是公募基金的基金经理,他们在进行管理的时候、在执行的时候或者在交易的时候,会更多地考虑切身利益,而不一定把股东或者企业的利益放在首要位置。

决定高管薪酬的因素

接下来我们继续探究一下什么因素决定高管可以获得如此高的薪酬。研究表明,高管的薪酬一定程度上反映了他的能力,但也同时反映了高管对整个企业管控的能力和权力大小。国际研究表明,董事会的权力越弱,高管的水平越高。如果存在持有较高股权的外部股东,存在大型机构投资者或者较多的独立董事,那公司高管的薪酬就会相对低一些。与此同时,如果有机构投资者作为公司的潜在投资者(外部收购的威胁较大),公司高管的薪酬水平也相对低一些。

从这些角度讲,公司高管的薪酬一定程度上反映了高管的能力和权力大小,即他对公司董事会和其他高管的影响力。有的时候公司高管还会利用薪酬咨询公司给自己的高薪提供理论支持。虽然高管本人不会直接介入高管薪酬的设定,但是董事会和薪酬委员会选定的咨询公司往往由公司内部员工推荐，如果这些薪酬咨询公司不支持公司高管的业务，它们很可能下一次就无法获得这家公司的业务。而公司人力部门很可能是公司高管的直接下属，所以他们也会为公司高管制定更好的薪酬政策。

如何解决高管薪酬的问题

我们之前提到了很多公司高管高薪的问题，那么怎么解决这些问题呢？可以从以下几个方面入手。

第一，从信息披露入手，必须要求公司更加公开透明地披露公司高管的薪酬，不仅是工资，还包括股票、股权以及在职消费等方面，让广大投资者和公众知道公司究竟给高管支付了多少薪酬。

第二，从立法的角度，必须保证公司高管的权利和义务相一致，他们在获得收益的同时必须要有对等的付出。要严格禁止高管获得了高薪，但是没有给投资者带来很高的投资收益的结果。美国的《多德-弗兰克法案》要求公司准确地披露股票期权的提供日期和发放日期，两者之间不能有明显区别。这也杜绝了先前提到的期权回溯问题，即公司以比较低的价格向公司高管发放股权，给其带来更高的收入，而不是真正激励他们给公司带来更好的业绩的错误做法。此外，除了显性的薪酬之外，高管还会有很多在职消费福利和退休之后的福利，这些都属于隐性薪酬。现在美国和其他很多国家的法律，都未要求上市公司把公司高管的整个薪酬体系在财务报表里公布，所以很多公司会利用这种法律漏洞，不完整地披露公司高管的薪酬，只披露必须披露的信息，比如工资和奖金，而把高管的其他大量的在职消费、退休后的养老金等福利隐瞒起来。这部分收益其实比大家想象的更高。若想改革公司高管的薪酬制度，法律应该要求公司披露有关高管薪酬的更加完整的信息。

第三，必须使公司高管与投资者的长期利益保持一致。我们刚才提到，用股权进行激励会对公司高管有很强的短期激励，导致高管在短期做出比较好的业绩，例如推高股价或者通过股票回购等方式提升公司股价。从这个角度来讲，公司股东并没有真正从中获得长期收益。所以，公司高管必须持有公司股票，从而使得高管的目标和股东的长期目标保持一致。国内公司在创业板上市的过程中出现过类似的情况：有些公司高管在上市之后，通过辞职的方式摆脱自己的高管身份，以实现尽快套现自己所持有的股票的目的。这反映了整个上市过程中价值分配的不平衡，也反映了整个薪酬机制和立法上的不完备。我们必须要求公司高管能和长期投资者有同样的利益追求，这样才能够保证高管真正为股东的利益认真工作。

第四，必须考虑公司高管与利益相关方的联系。股东对于上市公司来说固然很重要，但事实上公司还有很多其他的利益相关方，比如债权人、提供贷款的银行和公司的员工等。从这个角度来说，不仅需要让公司高管的利益同股东的短期利益绑定在一起，还要同公司的所有利益相关方都能联系在一起。因此，在高管的薪酬里面除了提供现金、股票之外，还可以考虑提供一些债券形式的激励方式作为高管薪酬的重要组成部分。债券在公司表现比较好的时候才可以有正的收益，在公司表现不好的时候则会出现负的收益，因此以债券方式支付高管薪酬可以约束公司高管在追求自己高薪或者推高股票的同时，必须顾及整个公司的资本结构和公司长期增长的可持续性。

第五，对称式的薪酬机制和延迟薪酬发放的制度。在股神巴菲特管理的公司里面，有很多就采取这种制度。举例来说，如果该公司高管今年赚了500万美元，其实拿到手的只有100万美元，剩下的400万美元会在今后4年分期发放。在此过程中，如果发现公司高管因为运营不当而给股东带来损失，公司将会保留获得剩余薪酬的权利，并将原先已经发放和尚未发放的奖金或者薪酬没收。

在2008年全球金融危机之后，很多投资银行也已经开始实行类似的政策。如果交易员在短期之内因为获利而领取高额的奖金，那么奖金里只有一部分能在当年发放，其他的必须交给公司保管。如果在此后发现该交易员确实长期在为公司获利，同时并不存在问题，那么交易员就可以把这些薪酬逐步转移到自己的银行账户里。但如果此后发现这些交易员其实造成了公司的利益损失或者造成今后的一些问题，公司可以锁定未发放的那一部分薪酬，甚至把员工原来领到的工资和薪酬也没收，以此来抵销公司的一部分损失。原来通行的高管薪酬的做法，是一种不对称的薪酬：高管只有好处没有坏处，只赚钱没有损失。但随着公司高管薪酬的不断上涨和社会对公司高管关注度的提高，这项机制现在变得越发对称：高管在赚取收益和高薪的同时，必须承担相应的风险。如果给公司造成损失，高管必须把自己的奖金拿出一部分弥补对公司造成的损失，以此承担相应的责任。

公司高管往往并不是在给公司带来最大收益的时候获得薪酬，而是在已经给公司创造价值，并且已经得到公司的奖励时，仍然会获得更多的奖金，这同样不能令高管为公司或者股东带来更高的回报。有的时候，高管获得了高收入，并不是因为公司股价表现得很好，而只是因为大盘或者公司所在板块的走势强劲。很多时候公司高管获得了高薪或者通过股票获得了大量财富，并不是因为其对公司出色的管理，只不过正好赶上一个好年景。因此，用股票期权的方式激励公司高管，从定价上也有一些不科学的地方：如果股价涨上去，公司高管则可以赚很多钱；如果股价跌下来，公司高管并不承担任何风险。对于股东来讲，这种薪酬方式是一种给高管提供待遇的不对称或者不平等的方式。

利用股票期权来给公司高管提供激励，是为了促使他们努力提升公司股票的价值。但在美国的很多研究表明，绝大多数公司高管在得到股权后，都不是以长期提升公司价值为目标的。很多公司高管在获得股权激励之后，马上就在市场上变现或者进行交易。这种没有持有锁定期要求的股权激励，并不能直接激励公司高管提升公司的股票价值，也不能帮助股东提升收益。而且有很多细节条款都允许高管在获得大量的股票期权之后，可以以不同的方式将这些股票再卖给公司，或者公开卖到市场上。可能有的人会说，因为公司股价升值过高，公司高管需要进行多元化的投资；也有人说，因为公司高管个人财务上的需求，需要变现一些股票。无论什么原因，公司高管获得大量的公司股票本来是为了激励或者捆绑公司高管和股东的利益，但在真正执行的时候，股东往往会发现捆绑的只是股东自己的利益，而公司高管可以利用各种各样的漏洞让他们不再受到股东权益的约束。国内相关研究也表明，即使在持股锁定期的限制下，公司高管仍可以通过辞职的方式把自己的股票变现。高管薪酬的改革，也必须致力于逐步堵上这些政策和监管上的漏洞。

总之，在高管薪酬和在职消费方面，监管层和高管相比，总是摆脱不了"道高一尺，魔高一丈"的局面。要想真正解决公司高管损人利己的行为，还需要全社会的长期共同努力。

股东积极主义与并购

值得指出的是，除了公司内部董事会、提名与薪酬委员会对于高管薪酬及各种在职消费的监督和管理之外，存在于公司外部的公司治理机制也可以对保护股东的利益，制衡高管薪酬起一定的作用。

20世纪下半叶的很多研究表明，并购机制通过并购实现公司权力的转移或者额外的外部监控，有助于公司治理水平的提高。并购机制作为资产重组的主要形式，除了能实现协同效应外，还能强制性地纠正公司经营者的不良表现。并购可以使外部力量进入公司，介入公司经营和控制，重新任免公司的管理层。因此，并购机制被认为是防止高管损害股东利益的最后一道防线。同时，由于并购机制往往和被收购方企业股价上涨有关，因此并购还是一种保护小股东利益，提升股东权利和价值的手段。

当然，在通过兼并收购改善公司治理，提升股东价值的过程中，人们发现并购，特别是恶意兼并收购，也有其不足和副作用。首先，目标公司管理层一般不会同意对自己不利的交易，因此降低了证券市场对不称职管理者的惩戒和对高管薪酬的限制作用。其次，很多收购方，尤其是并购基金和私募股权，往往过分强调短期财务收益，而牺牲了很多利益相关方的长期利益。最后，恶意并购中对于现有董事会和管理层的替换与清洗有时会给企业带来"巨震"，给企业的经营管理带来严峻挑战。

过去二三十年国际资本市场提升公司治理，限制高管行为的一个新趋势，是通过股东积极主义（shareholder activism，也被称为股东行动主义）。股东积极主义，是一种通过行使股东权利而向公司管理层施压的投资策略。行使股东积极主义的股东就被称为积极股东（activist shareholder），积极股东往往通过董事会对公司管理层施加影响，以实现自己及其所代表的股东的财务或者非财务方面的诉求。

在某种意义上，股东积极主义反映了上市公司的股东不再满足于只当观众和被动的财务投资者，不再只是"用脚投票"——通过抛售股票表达自己的不满，而是转为采取积极行动，通过更加积极的公司治理手段强化自己作为股东的利益，并提升自己手中所持股票的价值。

自 2011 年起，美国上市公司的高层管理人员的薪酬将接受前所未有的严格审核，公司的股东将定期投票，决定是否批准公司高管的薪酬方案。这一被称为"股东决定薪酬"的咨询性股东投票制度，首先针对的是那些在 2008 年"不良资产救助计划"（TARP）中接受过救市资金的美国金融机构。后来随着多家美国公司主动采纳了类似的投票制度，于是《多德-弗兰克法案》规定，所有上市企业都必须执行每三年至少一次的"股东决定薪酬"投票。与此同时，进行投票的国内养老基金和其他大型机构投资者必须公示它们的投票结果并解释原因。在通过鼓励股东更加积极地参与上市公司高管薪酬这一领域，澳大利亚、荷兰、南非、挪威和瑞典等国其实已经走在前头。

2009 年，伦敦企业治理咨询公司 PIRC 发表了一份研究报告。研究结果发现，英国于 2002 年引入了"股东决定薪酬"制度，结果 2009 年英国企业的整体薪酬水平有所上升。与此同时，报告还发现企业高管的薪酬遭到了更多人的反对，有 4 家公司在股东投票中铩羽而归。

和英国的经验类似，美国绝大部分能够对薪酬进行投票的股东在投票中都很支持公司目前薪酬发放的做法。薪酬咨询企业韬睿惠悦（Towers Watson）在其一份新闻报中指出，2010 年，只有三家企业的薪酬计划未能得到绝大多数股东的支持；2009 年，更是没有任何溢价企业的薪酬计划遭到绝大多数股东的否决。

那么"股东决定薪酬"制度的优势究竟何在呢？PIRC 报告指出，"股东决定薪酬"制度更为重要的一点是，很可能导致高管薪酬中与企业业绩挂钩的那部分所占的比例有所增加。

韬睿惠悦认为，这项制度的最大好处可能就是能够提升企业高管薪酬体系的透明度，在审核力度加大的影响下，公司会在代理权公告和年报中更加注重对于薪酬信息的披露。与此同时，这一规定使得更多的股东意识到，高管的薪酬必须和企业的业绩挂钩。这一趋势，既对高管获取薪酬提出了更高的要求，也真正有效地实现了高管薪酬机制，特别是股权激励机制的初衷。

融券（卖空）机制对企业的制约

除了兼并收购之外，其实市场的做空投资者，也会对高管过高的薪酬，或者其他损人利己的行为，进行有效制约和纠正。2011—2012年，另外一件受到全球投资者高度关注，也让众多中国海外上市公司格外紧张的事件是中国在美国上市的公司（中国概念股）集体遭遇"滑铁卢"，许多公司的股票在一周之内下跌20%~30%。更有甚者，其中几只被研发机构和"空军"（卖空大军）主力特别关照的公司股票，更是遭到腰斩。一时间，中国海外上市公司的股价哀鸿遍野，惨不忍睹。

这次中国海外上市公司股票集体风波的肇事者，既非国际知名投行，也非对冲基金大鳄，竟然是几家名不见经传的独立研究机构，它们在传播中国公司负面研究结果的同时，顺便做空中国概念股，名利双收。

在这次狙击中国概念股的前后，不止一次地出现了国际投行大规模唱空中国市场的事件。"做空中国"好像成了中国经济转型，融入全球金融体系过程中常演不衰的一部"步步惊心"的连续剧。中国上市公司群体、投资者，甚至监管层都对此高度关注，并对这种投资行为背后的政治目的有所怀疑。由于外国机构散布不利于中国公司的消息并从中渔利，"阴谋"两个字很快就又挂在了某些国内投资者的嘴边。但这一次稍有不同的是，受伤的虽有中国概念股公司，但也不乏超级基金经理保尔森之流。保尔森这位在金融危机中毫发无伤且富甲一方的"大鳄"，在嘉汉林业这一只股票上就遭受了超过三亿美元的浮亏。当然，在如此大规模的股票下跌之后，有些上市公司很可能不得不退市或者接受被收购的命运。

做空中国概念股的火力之强大，让人不由地想起2008年秋席卷全球的股灾。那场灾难一定程度上就源于大肆做空者带来的市场恐慌和疯狂抛售，以至于美国证券交易委员会和纽约证券交易所不得不最终出手，喊停了许多股票的做空业务,才稳定了市场。

做空交易很早以前就同股市一起出现在荷兰,但做空者的形象在市场中一向不为人所称赞。西方资本市场对于是否应该允许做空交易一直存在分歧。一方面,有人认为,有些投机者为肥一己之私,做空股票,造成股价下跌,市场波动,这简直无异于犯罪。法国在拿破仑统治时期,就颁布过把做空者判刑入狱的极端法律。另一方面,对做空交易的支持者则认为,做空和买入其实是证券交易中一对自然的对立统一体。看多投资者用买入表达正面的看法,买入交易同时推高股价;反之,看空的投资者用卖空表达自己负面的看法,卖空交易同时压低股价。由于一般的卖出交易必须以先前的买入为先决条件,因此并不允许所有投资者表达负面看法。因此,做空才是买入交易的对立面,不应将其视为洪水猛兽。

由于各国市场发展水平不同,各国的监管层往往采取比较折中的做法。通常较为发达的市场大多允许做空,而相对年轻的市场一般都对做空机制有所保留,其主要原因在于大规模做空有可能导致市场的突发性大规模下跌,造成系统性风险。1987年股灾和2008年股灾都印证了这个观点。

假如做空者只是针对某只股票或某个证券,而非整体市场,这会对不同投资者造成什么影响呢?请大家设想以下两种情景:如果做空的股票确实涉及过高的估值(如互联网泡沫中的互联网股票)和财务欺诈(如安然公司),那么投资者(除了那些在高价买入的投资者)应该感谢做空者发现了这些公司的问题,避免了骗局和泡沫持续下去。如果公司资质不良,做空者的交易至少可以避免让更多不明就里的投资者遭受损失。诚如有些做空中国概念股的投资者向投资圈宣告:"我们确实先做空,再公布负面研究以影响股价,但这并非操纵股价,因为我们非常肯定这些公司有问题。"

假如像监管者和某些投资者担忧的,做空者判断失误,误伤了那些资质优良、估值合理的公司,这时问题就复杂了。对于那些已经持有该股票的长期投资者而言,这并不是一个问题。短期的波动率不会影响他们的投资决定,没准儿他们还可以利用这个机会增加仓位。那些以一两元买入搜狐(目前股价约43元),三五元买入腾讯(目前股价约343元)的投资者,估计都会从心底感谢当年做空这些股票的"空军"。西方投资界有句俗话"大跌造就大富"。保尔森通过做空金融股在金融危机中成为最赚钱的明星,大卫·泰珀则在随后一年中因为增持同类股票而成为对冲基金的"新科状元"。毕竟只有出现波动,才会给全体投资者带来机会。

那么,那些不幸在高位买入而又不幸在低位抵不住恐惧而斩仓出局的短线投资者呢?这恐怕只有回到巴菲特的格言上来了,谁让他们不了解自己买入的股票呢?当一个投资者被震仓出局的同时,正有另一位投资者欣然入场。

当然,做空仍然是一种危险的交易。第一,像2008年全球金融危机中做空者大幅压低金融股股票的举动,确实可以造成全球信用市场冻结和投资者信心瓦解,全球市场系统性风险飙升。第二,由于做空方面临理论上无穷大的潜在损失,所以更可能采取比较极端的交易策略。第三,股票价格的极端波动有可能导致恐慌在全球传播。对于这些风险,市场监管者和交易所必须做足充分的准备和正确的选择。美国证券交易委员会在

2008年终止做空交易的禁令，被很多专家认为对当年因做空而导致的股灾负有直接责任。

美国的一些研究表明，那些高调反对做空其股票的公司，往往最终被证明确实存在财务问题。清者自清，如果没有可隐瞒的，市场大多会在长期给出正确的判断和公允的价格。谴责、羞辱甚至威胁做空者，很可能反而向市场传递一种缺乏信心的信号。做空者在历史上承担了很多责任，虽然很多人都不了解"空军"到底伤害了谁。人们都害怕市场大跌，为什么不怕造成大跌的泡沫呢？

我们发现在美国决定推出量化宽松政策的时候，又一次人为地对全球经济金融体系造成了大规模影响。这种通过政府手段干涉经济运行规律和经济运行趋势的想法，很大程度上源于政府的控制幻觉。政府往往认为它们可以改变经济运行规律，但现实是，这一点非常难做到。各国政府都会不同程度地采取一些行动，来支持或者托起市场。在美国，为住宅抵押贷款提供二级市场融资的房利美和房地美，一定程度上就是为了能够降低房地产贷款的融资成本，帮助美国居民圆"居者有其屋"的美国梦。

国内在房地产开发和销售过程中也有一些房地产政策，帮助投资者、居民更顺利地购买房屋。为了鼓励投资者买房，很多地方政府利用公开或者含蓄的方式，保证房价上涨。在2011年房地产调控时，有一些早期购房的人对房价下跌表示了抗议。无论是开发商，还是政府，在这种压力面前，往往采取的都是为前期投资者补差价，保证其不承受损失。这其实就是给投资者提供了隐性的价格担保：即便房价下跌，政府、开发商也会补上这部分差价，保证投资者不受损失。这其实就是帮助投资者规避房地产投资中的风险，间接鼓励投资者进一步在房地产上进行投资的热情。

这种现象和 17 世纪荷兰出现的郁金香泡沫危机惊人地相似。在荷兰郁金香危机盛行的时候，荷兰政府有这么一则法令：如果某人和别人签订了郁金香买卖合同，前者只要向政府支付 3.5% 的手续费，政府就可以帮助他宣告合同无效。这其实也是政府对投机郁金香提供的一种隐性价格担保。次贷危机中对全球金融体系造成毁灭性打击的信用违约掉期与荷兰政府的这则法令有异曲同工之妙。正是出现了这种复杂的金融工具，才导致那么多不明就里的金融机构购买了那么多有毒资产，最终导致 2008 年全球金融危机的爆发。与之相类似的是，无论是卖房的一方，还是买房的一方，一旦获得政府提供的这种保险，买卖双方就会更愿意进行投机性交易（因为交易的最大损失已由政府承担）。可见，政府在提供隐性担保，推动市场上涨的同时，也会更进一步增加市场中的投机气氛，这会进一步增加产生泡沫的可能性和泡沫造成的危害。

笔者曾经做过一个针对全球 40 多个国家融资融券交易和监管的研究。很多国家的监管层因为融券行为可能导致市场下跌，所以禁止融资融券业务。但这些监管层没有考虑到的是，如果在一段很长的时间里不允许市场做空，市场上的负面消息就不能及时反映到市场价格上。如果市场不允许负面消息得到反映，日积月累，一旦有一天爆发，就可能无法挽救。

从这个角度讲，股价大规模快速上升未必是一件好事。只有允许负面消息能够及时、准确、公正地被市场反映，才能避免整个市场的大起大落。我们在前面讲到的投资平均收益固然重要，但是投资波动性也非常重要，波动性越小，投资者越有可能进行更有效的长期投资。在同样的预期收益率下，波动性越小，投资者资产增长的速度就越快。从这个角度讲，市场引入做空机制，政府不过分推动和保障市场上涨，其实很多时候未必是一件坏事。做空者的存在，就好像高悬在上市公司高管乃至大股东头上的"达摩克利斯之剑"，总会让公司高管抱有应有的敬畏和尽职之心。

09
投其所好的高管

企业一旦决定上市,便可能通过盈余管理等手段,将业绩包装得光鲜亮丽,以提升公司股价。公司股价虚高,投资者很可能会承担过高的成本,这会大大影响投资者的收益。

融资决定：IPO

在国内，有一个一直受投资者和监管层广泛关注的话题，即IPO。

在IPO过程中，公司的管理层或者创始人其实一直在和资本市场的广大投资者、散户进行动态博弈，其中最基本也最核心的问题就是公司选择在什么时候向社会进行融资。正如我们去超市采购，若商品正在促销，商品价格更加便宜，我们便会多买一些；若商品价格上涨，我们就会少买一些。对于便于储存、不易损坏的物品，如洗涤灵和卫生纸，这种现象会更加明显；对于蔬菜、水果等保存期限较短的商品或者生活必需品，这种现象便没有那么明显。这就是很简单的消费经济学问题，也就是价格弹性。同样，对于供应商来说，他们会在产品价格高的时候增加供给，在产品价格低的时候减少供给。供求双方依据价格定出消费供给曲线，贯穿了人类市场生活的大部分领域。

IPO过程也不例外。公司高管在考虑上市时，会分析什么是比较好的上市时机和状况，以期将公司的股票卖出比较好的价钱。这很容易让人想到，如果投资者多赚钱（买到了便宜的股票），上市公司就会少赚钱（低发行价格);反之,如果公司多赚钱(高发行价格),投资者就会少赚钱(买到了估值过高的股票,今后升值空间不大,下跌空间大)。因此,我们必须意识到,散户和公司高管在投资的时候,特别是在做融资决定或者IPO定价的时候,其实是站在天平的两端。

很多散户觉得上市是一个简单机械的过程。尤其对于中国A股市场的投资者来说,存在"新股不败"的心理预期,认为IPO就是一个创富过程,不但能够为上市公司和公司创始人创富,也能为广大股东创富。其实不然,我们经常听到某些上市公司由于市场环境不好,或者投资者没有表示出对该公司的IPO有足够的兴趣,或者进行路演的时候公司没有获得足够的资金支持而决定推迟或者取消IPO的情况。比如,由于市场环境不佳,一级方程式控股公司和奢侈品品牌普拉达曾推迟上市。再比如,内地很多房地产开发企业在2008年金融危机期间也不得不推迟在香港上市。

这里面其实反映的就是公司高管在做公司融资决定的时候具有一个巨大的优势——可以选择进行融资或者不进行融资。除非公司的资金链极其紧张,否则公司通常在融资方式和融资时间上有比较大的选择空间。公司可以采取股权融资的方式,也可以采取债权融资的方式;公司可以通过在非公开市场向少数投资者进行非公开的定向募集,也可以采用面对公众市场的IPO或SEO(增发配股)。

公司往往会在各种不同融资方式之间进行一个平衡和选择。例如,在成本和收益之间,在短期利益和长期利益之间,在财务效率和财务安全(防止资金链压力太大,出现债券违约和公司破产的结果)之间取得最佳平衡。

对于公司而言，这些选择的决定性因素就是融资成本和收益。很多未上市的公司都有 IPO 规划，这个规划往往要持续三五年。这一方面固然反映了国内 IPO 审批制度的严格，同时也反映了公司对上市过程有很高的期待。如果市场环境不够好、发行价格不够高或者投资者认购的兴趣不够强，那么公司很多时候宁可推迟或者放弃 IPO。

在 IPO 过程中，投资者的收益就是上市公司的融资成本：投资者的投资收益越高，上市公司的融资成本就越高；投资者的投资收益越低，上市公司的融资成本就越低。从这个角度来说，公司在决定进行 IPO 的时候，肯定会挑选市场情绪比较火热，投资者对股权融资和该公司的业务模式和发展理念比较认可，对该公司的前景比较看好的时段。也就是说，公司在选择上市的时候，会选择在融资成本比较低的时候发行股票。这也是为什么无论是在中国市场，还是在美国市场，都曾出现 IPO 扎堆的现象。有些年份的 IPO 项目特别多，而有些年份却寥寥无几。如果把上市的热情和资本市场当年及前一年的表现进行比较就不难发现，IPO 往往集中在资本市场表现较好的年份。如果资本市场在之前一段时间表现不佳，那么相比股票融资，公司会更多地选择债券融资。因为它们意识到在股市表现不好的时候，要想吸引投资者的关注，就必须进行更多的宣传和市场活动，或者把 IPO 上市的股价定得比较低。可见，公司在进行融资决策的时候，其实是在各种不同的融资途径中不停地进行动态选择。

企业的这种策略性选择行为会导致投资者进行逆向选择。关于逆向选择最简单的例子就是保险市场：越是愿意买大额保险的人，就越是对自己的健康和人身安全担忧。类似地，企业越是想要进行IPO，就越是表明这时候它们觉得能够以更好的价格将公司卖出。它们会选择在投资者有巨大投资热情的时候上市，这种比较正面或者热情的市场环境，对于企业来说是发行股票的绝佳时机。但是，对于投资者来说，他们往往在购买新股的时候付出了较高的成本，这导致投资者今后的长期投资收益率降低。也就是说，公司的价值是固定的，如果投资者以较高的价格购入该公司的股票，那么在将来想通过卖出股票获取利益就会比较困难。这是IPO过程中，投资者必须关注的非常重要的问题。要明白，投资者和上市公司之间是竞争关系，企业只创造出固定的财富，那么企业以越高的价钱将这家公司卖给投资者，投资者其实就支付了越高的成本，在今后可能获得的收益就越低。因此，这是一个相互博弈的过程。

然而对于投资者，尤其是对于只在股票市场进行投资的投资者而言，他们就没有像上市公司那样大的选择空间。散户可以做的只是相对被动地在投与不投新股之间进行选择。

其实投资IPO公司的股票，包括两个紧密联系在一起的过程：一是所谓的"打新股"的过程，二是股票上市发行之后的投资价值。

打新股的过程，大体来说，是一个非常明智的投资策略，但并不是每个投资者都能幸运地中签打到新股。在上市过程中，通过抽签来打新股，投资者如果能够顺利地在众多申购者之中幸运地获得一些未上市公司的股份（同时假设公司股价会在上市后出现大幅上涨），那么申购和认购新股这个过程对于投资者而言确实是有利可图的。投资者在这个过程中获得的，是公司从未上市到上市过程中的巨大溢价。可惜的是，IPO的申购和认购过程并无太多技术含量可言，主要依靠投资者的运气和资金实力。

当然，申购新股也不是完全靠运气，其实也有不少学问。试想一下，如果散户和机构投资者同时竞争申购一只抢手的、准备上市的新股，有什么样的优势能保证散户申购成功呢？发行制度、调研能力、渠道关系，还是资金实力？这几方面机构投资者都拥有无与伦比的优势。

相反，国内外的研究均表明，如果散户真的能够在IPO过程中成功赢得大奖，获得较多的即将上市公司的股票，这也未必是什么值得庆祝的消息。这是因为，如果有较多的散户在临上市前，通过中签的方式获得了大量的股票，原因只可能有一个，那就是机构投资者不看好这家公司在上市后的表现，因而在上市过程中把"烫手山芋"拱手让给散户去接盘。所以，即使是在上市前的申购阶段，散户也不是简单随机地参加抽签的过程。散户能否中签和中签的可能性，其实已经反映市场的情绪和机构投资者对公司股票上市后做出的预判。因此，即使看似公平的中签过程，也反映了上市公司、机构投资者和散户之间信息的不对称和实力的巨大差异。

等到公司顺利完成IPO过程，公开上市交易后，股票的表现就是另一番风景了。如果投资者在公司刚刚上市，比如上市一周左右，就进入市场投资这家公司的股票，那么根据全球资本市场的研究，这些投资者的投资表现将会相对较差。新股的表现往往比大盘的表现差，也比同类已经上市的次新股和成熟股（公司经营业务类似，但是已经上市一段时间而表现相对成熟的股票）的表现差。这也就是中国投资者有时所说的"次新股表现更好"的理念。这一发现，和很多散户一直抱持的"新股必涨"或"新股不败"的理念大相径庭。

出现以上现象的一个很重要的原因就是，公司在上市过程中有一个选择上市时间的过程。公司在选择上市的时候，往往是当时的市场环境比较好，市场对公司的估值较高，市场情绪较热烈。但对公司股票的较高估值挤压了其今后的升值空间，也会影响投资者长期买入和持有这只股票的获利空间。

这也是为什么很多投资者逐渐发现，虽然打新股有可能赚钱，但是等到新股上市之后再去买公司的股票，那时的表现还不如整个大盘的表现。这样令人失望的投资表现，其实也从侧面反映了公司高管在信息和选择上的优势。首先，公司高管知道投资者偏好购买新股。其次，在公司决定上市发行的时候，高管对投资者购买公司股票的意愿强弱已经进行了了解。因此，上市公司选择发行的时候，恰恰是投资者对于上市公司估价比较高，认为上市公司比较有吸引力的时候。公司在IPO过程中一定会有这样的考虑：只有发行价格对公司是有利可图的，才可以发行，否则宁可选择推迟或者取消发行。反之，投资者其实也有买或者不买的权利，只不过散户没有上市公司精明，往往会在市场热情高涨的时候不知不觉地买入估值过高的股票。

而且，股民在公司上市以后选择购买新股的时候，除了要考虑上市公司可能有这种投其所好的倾向外，还要考虑公司业务和财务两个方面的风险。即使是在国外资本市场，IPO也是一个重要的创富过程。IPO将公司创始人、战略投资者、私募股权基金和公司高管等所有重大利益相关方的利益都绑定在一起，要把公司以一个他们认为合算的价格卖给公众投资者。

恰恰由于有这么多利益相关方绑定在一起，公司便会通过盈余管理对投资者过分乐观地描绘未来公司的盈利水平，并通过对负面信息的压制和收买保证并促成上市。其中，投资者的过分乐观有时来自公司高管的过度自信，也有一些事后被证明完全是蓄意财务造假，比如国内A股市场的"绿大地"事件。

企业有可能为了上市进行财务造假和盈利"包装"，从而提供一些不完全准确的信息，或者没有完全披露某些负面信息，只披露过分乐观的预测和估计。这些都有可能导致股价短期被人为推高。

由于上市公司、公司高管和私募股权基金对公司的内部情况比较了解，它们可能会对新股的发行价格有一个更清醒的认识。一旦这些IPO交易的直接受益人认为公司的股价被操作得足够高了，他们就会在新股发行持股锁定期到期后，通过大量抛售上市公司的股票来套现。在海外资本市场有大量的证据表明，在IPO完成后的内部人士锁定期到期的时候，市场上往往会涌现大量内部控制人抛盘事件。这些抛盘一方面通过卖出行为压低了股价，另一方面也向市场传递了内部人士对公司前景的负面预判。这也会对其他投资者的信心造成打击，从而导致股价下跌。

由于中国目前的IPO审批制度仍然有待完善，上述情况在中国A股市场表现得尤其明显。而恰恰是因为上市获得审批如此困难，上市之后可以从资本市场圈得的资源又如此丰富，IPO的创富效应如此明显，以致上市公司本身、私募股权基金，有时甚至包括地方政府，都会参与 IPO 准备工作。又恰恰是因为上市后的前景如此诱人，也由于中国资本市场对于证券欺诈和财务造假的惩罚如此轻微，才会导致无数内部人士完全不计后果地伪造财务数据，修改核心信息，以达到上市的目的。

另外，投资者必须清醒地认识到，即使企业在上市过程中没有任何违规违法行为，但企业一旦决定上市，便一定会通过盈余管理等手段，把业绩包装得特别光鲜亮丽，以期能够将公司卖一个好价钱。如果卖家觉得自己可以把东西卖出好价钱，那么买家就很有可能为这个产品或者公司支付过高的成本，这也会影响投资者后续的投资表现。

还有些时候，公司会利用市场对新股的热情，故意人为压低 IPO 交易中的流通股股数，以达到减少供给，推高 IPO 定价的目的。根据相关国际研究，IPO 流通股上市发行量与总流通股之间的比例和 IPO 上市首日收益率之间存在一定的负相关关系。也就是说，上市流通股的比例越低，IPO 首日表现越好。所以，有一些"不差钱"的企业，会故意压低上市流通股的数量，以达到人为推高股价的目的。但是，这种趋势往往不能持久。统计研究表明，很多首日表现较好的 IPO 公司在中长期的表现往往会令人失望。

债权融资

关于企业在 IPO 过程中进行各种策略性操作的问题，并不只局限于股权融资的范畴。有研究发现，在债权融资中也出现了类似的公司"投其所好"的行为。什么意思呢？就是说公司在发行债券的时候，会选择是发行短期债务还是长期债务。至于公司究竟如何决定，很大程度上取决于投资者和市场对于长期债务和短期债务的态度。

当公司觉得发行短期债务的成本相对较高时（此时，投资者也更青睐长期债券，利率收益曲线相对比较平缓），就会发行长期债务（和历史水平相比，长期融资成本相对比较低）。公司的理由是，长期来看，发行长期债券的成本会逐渐升高，现在发行长期债券，可以锁定目前相对低廉的长期融资成本。

当短期债务发行的融资成本相对比较低时（此时，投资者更青睐短期债券，利率收益曲线相对比较陡峭），公司就会发行更多的短期债务（和历史水平相比，长期融资成本相对比较高）。公司的理由是，长期来看，发行长期债券的成本会逐渐降低，现在发行短期债券，可以保留在今后以更低廉的成本进行长期融资的可能性。

这也是为什么上市公司发行短期和长期债务的意愿存在明显的周期性。这种周期性，恰恰反映了上市公司和高管对市场投资者情绪与偏好的把握，以及在这种把握之上对投资者态度的迎合。

总而言之，对于公司融资方式的选择，无论是股权和债权间的选择，还是不同债权种类和不同债权期限间的选择，都反映了企业高管在融资时所具有的机会主义倾向。他们往往在了解到投资者和市场的偏好之后，就会更多地发行受到投资者追捧的资产，以此充分利用投资者高涨的热情，以获得相对低廉的融资成本。

与此相反，在投资过程中，投资者必须清醒地意识到公司高管在密切地关注着他们的想法。切勿"捡了芝麻，丢了西瓜"，还沾沾自喜地幻想着不切实际的高收益。

国内 IPO 制度改革

由于这些国内公司在 IPO 过程中，人为推高了盈利水平，因此投资者对公司的增长给予了过分乐观的估计。而在这些公司上市之后，股票则表现得很差。在创业板上，不少在上市之前三年业绩连续增长 100% 的公司，在上市之后出现了盈利水平突然大幅度下跌，甚至立刻出现亏损的"变脸"情况。

公司的本质并没有发生变化，公司还是这家公司，只是这些公司在上市前做了很多手脚，在业绩虚高且包装完美后隆重上市。公司上市之后，没有激励进一步推高股价，股价上涨就显得格外乏力。此外，因为内部持有人在上市后通过各种方式进行套现，不再像以往一样有管理盈利水平的动力，股价才会出现明显下跌。

监管的漏洞也是造成这一现象的重要原因。很多高管在公司上市之后，可以通过辞职离开公司，同时将手中持有的大量公司股票抛售进行套现。内部人士通过套现将自己的利益锁定，从而将所有的包袱丢给散户。此外，对于财务造假和其他资本市场的欺诈行为，国内监管机构对其查处以后的惩罚是非常轻的。一方面因为司法层面的属地审判规则，很多上市公司都是在当地政府的大力支持下成功上市的，如果公司出现违法行为，会把这些案件交回原地审判，难免受到当地政府的一些包庇和纵容。另一方面，国内的 IPO 过程由于发审委①提高 IPO 上市要求并控制 IPO 上市数量，使得投资者对于"新股不败"的神话深信不疑，导致投资者对于新股趋之若鹜，以高价购入大量的 IPO 新股。

国内的 IPO 过程，一直广受社会诟病。监管机构也长期关注此问题，并一直在思考改革方式。我们都知道，这里面很大一个原因是，国内有太多的公司希望能够成功上市，然而国内资本市场发展到现在依旧不是很成熟，公司上市实行的是审批制度，严格的监管手段使得能够最终获批上市的公司少之又少，就好似千军万马过独木桥一样。监管机构人为地造成市场上供不应求的趋势，其结果只有一个，即价格上涨，这也是最基本的经济学原理。对于 IPO 过程而言，IPO 的价格就是 IPO 的发行市盈率倍数。这种人为造成的供不应求的 IPO 市场，自然就会生成虚高的 IPO 价格。

国内的股票估值水平比发达国家整体要高很多，IPO 过程中的估值矛盾更加突出。IPO 发行本身具有很高的发行溢价，而在二级市场高估值的

---

① 1993 年，在沪深交易所相继成立之后三年，中国的证券市场终于建立了全国统一的证券发行审核制度（简称"发审制"），首届发审委也随之应运而生。证券市场的发行制度与其所处的历史背景密不可分。1993 年，我国证券市场初仍处于计划经济向市场经济过渡的特定历史时期，发行人、中介机构和投资者均不成熟，市场功能无法有效发挥。发审制走过了 7 年带有明显计划经济特点、行政主导的审批制阶段。但在发审委 26 年的漫长历史中，由于历史局限性，其触碰法律底线的案例屡见不鲜。2019 年 12 月 28 日，《证券法》新修订案获十三届全国人大常委会第十五次会议审议通过，修订后的证券法自 2020 年 3 月 1 日施行。新修订案规定，将分步实施注册制下对发审制的取消，这也就意味着，在 2020 年 3 月 1 日，发审制即将完成资本市场赋予的历史使命，国内发行制度也将分步全面实行注册制。——编者注

基础上制定的IPO发行价格也会随之上涨，甚至比二级市场的估值还高。于是就出现了一级市场、二级市场在估值上割裂化的反差。正是这种反差和隔断，给上市公司一个激励，希望自己的股票在上市时卖出比二级市场更高的价格。

这里面涉及的一个主要问题就是改革发行体制。在美国，为什么很多可以上市的公司会选择不上市（如前面提到的美国著名糖果生产商玛氏），甚至有些已上市的企业会选择退市呢？这是因为在美国上市价格很难虚高，上市也就变得没那么有吸引力了。包括美国在内的其他很多发达国家的资本市场采取备案制的上市方式：无论公司财务数据好坏，只要符合证券交易委员会和证券交易所的标准与要求，就可以上市发行。上市能否发行成功由市场投资者决定，监管层对此不负责任。

国内则是一种比较尴尬的情况，即散户觉得证监会已经对预上市公司进行过调查，调查显示这些公司不存在问题，就说明监管层对公司资质和估值水平已经认可，于是投资者就放心地买入了那些事实上估值虚高的新股。但是这种责任，其实是监管层所不能担当的。事实上，监管层既没有责任，也没有能力从实质上对公司的性质、赢利能力进行充分了解，对于公司的价值也难以准确估计。因此，很多公司以大幅虚高的估值通过证监会审批，从而发行上市，而散户在此过程中购入大量公司股票，并在公司业绩"变脸"后承受巨大的损失。投资者因此归咎于证监会，认为正是由于证监会进行了担保，所以他们才会放心买入这些股票。但其实证监会是不会负，也负不起这样的责任的。这就是中国目前上市审批过程中严重的信息不对称和责任不对称。

因此，国内的上市制度必须进行改革。首先，必须从审批制度改为备案制度。要让广大投资者知道，证监会只是对最基本的原则和过程进行调查，而对于公司的质量、公司财务的持续性和公司未来股价的走向，均不承担任何责任。在这样的预期下，散户在进行新股申购的时候，才会比较谨慎，从而从根本上降低投资者"打新股"的积极性。这是新股发行机制改革不可或缺的一步。

其次，必须改变投资者的预期。发行制度改革的目的是对投资者预期有一个正确指引。中国散户对"新股不败"的神话已深信不疑，且认为经过发行审批的上市新股必然是好的投资标的。这种预期显然是不正确的，而市场中又存在赚钱效应的传播：投资者赚了钱，便大肆宣传；投资者赔了钱，却默不作声。结果只有"新股不败"的消息一传十、十传百，公众自然觉得新股赚钱，从而形成这种羊群效应。

可以预见，在这种羊群效应的影响下，投资结果不会很好。很多散户以高价买入IPO股票却最终饱尝亏损之痛。和购买其他股票一样，散户其实必须对自己的投资和财务负责，不应该随便买入自己不了解的股票。无论是已经上市还是即将上市的企业，只要投资者对这家公司不够了解，就必须非常审慎，不要想当然地积极买入。因为不管是谁来卖这家公司的股票，投资者的资金就是自己的财富，若是不希望由于买入不了解的股票而使自己的财富遭到损失，最好的决定就是不要介入这只股票，这也是财富保值增值的一个前提条件。无论是谁，哪怕是证监会或者证券交易所提供了不明确或者隐性的担保，投资者都要非常清醒，在自己不了解公司情况的前提下，不要轻易购买这家公司的股票。

从投资的角度讲，买入 IPO 新股不是一个非常明智的投资选择，它使很多投资者遭受了重大损失。前几年在新股发行之后，就有很多在高位买入大量 IPO 股票的投资者，最后不得不吞下巨额亏损的苦果。华锐风电曾以每股 100 多元的高股价上市发行，如今股价跌至不足每股 1 元，这样的例子在国内创业板里不胜枚举。从这个角度来看，我们有必要提醒散户：即使你对于这家公司没有充分的了解，也希望你能够对整个上市过程有所了解。上市，并不是让所有人都能够一夜暴富的过程。

总结一下，公司高管可以利用他们对投资者情绪的了解，选择合适的上市时机。但从投资者的角度来看，这却是非常差的购买时机。因此，投资者在购买 IPO 新股的时候，面临一个不太公平的选择过程。除此之外，由于 IPO 整个过程牵涉大量利益主体，很多企业在上市过程中，会将它们的业绩粉饰得虚高。对此，散户在申购过程中要有清醒的认识。虽然对于每家上市公司，散户不一定都能够有比较深入的了解，对 IPO 新股的定价是否合理、未来能否赚钱也不一定能够有准确的判断，但是每一个散户都有一项最基本的权利，即不参与申购和不参与投资。虽然有些股票看似诱人，也让投资者产生诸多遐想，但是投资者要记住股神巴菲特曾说过的金玉良言——"不要买自己不了解的东西"。没有人能够保证参与资本市场一定会赚钱。相反，大部分散户在此过程中充当了慈善家的角色，把自己辛苦挣的钱奉送给了机构投资者和上市公司。笔者希望，在投资者对 IPO 过程有更为清醒的了解之后，能够避免这类失误和损失（关于 IPO 发行制度的改革，下一章会进行更多的讨论）。

企业融资行为包括的信息

在投资者意识到股权融资和债权融资都不是企业随机的行为的时候，投资者也会获得更多关于理解和判断企业决策、看待资本市场的重要信息。其中很重要的部分，就是当企业选择集中IPO发新股或者股权再融资的时候，也就是股权融资在资本市场总融资占比较高的时候，往往反映了当时股票的价格比较高，这其实是投资者应该退出市场或者减少仓位的时机。反之，如果上市公司较少利用股权融资进行融资，也就是股权融资在资本市场总融资占比较低的时候，其实往往反映出当时的股价已经比较低迷，上市公司认为股权融资定价过低不够有吸引力，这往往恰好是二级市场投资者应该进入股票市场投资的一个很好的机会。

有学术研究表明，如果把美国过去80年的历史分成4段，那么股权融资在资本市场融资总额所占比例最低的20年里，之后一年美国股市的表现是远远高于历史平均水平的；反之，在股权融资占资本市场融资总额比例最高的20年里，之后一年美国股市的表现是明显低于历史平均水平的。这就说明，其实股权融资的比例或者股权融资的活跃程度可以用作一个比较有效的反向指标来预测今后美国股市的表现。

类似的情况其实并不只局限于美国的股票市场，在美国债券市场也有类似的发现。研究表明，如果上市公司发行长期债务的比例，也就是长期债务在所有债权融资所占的比例明显增加，那就说明上市公司预测利率即将上升。为了能够锁定现在相对比较低廉的利率，公司选择发行长期债务而减少短期债务；反之，如果在一段时期企业发行短期债务的比例明显上升，就反映了企业对于利率下降的预期。企业希望通过利用短期利率，在债务到期之后，再以更低的利率进行融资，以此降低债券融资成本。

由此可见，投资者可以通过股票市场和上市公司新股发行或者增发的决定，判断目前股票市场的估值水平的高低，也可以通过上市公司发放债券期限长短的信息预测利率今后的走势。总之，在上市公司选择投其所好的融资策略的时候，一方面可能利用了投资者行为上的偏差和弱点，另一方面也会给投资者提供重要的判断，并解读市场信息。

10

投其所好：其他公司决策

分红或者回购是公司在充分考虑投资者的心态和市场反应之后做出的决定，以吸引投资者。公司意识到拆股政策会激发散户的购买欲。此外，投资者往往会对那些更改名称的公司产生浓厚的兴趣。

分红政策的调整

以上讨论的是在公司的融资决定中，公司高管所进行的投其所好的机会主义行为。下面我们继续讨论公司对股东回报方面的一些选择。

上市公司赚钱之后，一项重要的工作就是把盈利返给股东，但并非所有的公司在赚钱之后都会选择分红的方式。根据金融理论，在没有交易成本和税收、公司治理比较健全的前提下，公司是否分红并不能直接影响公司的价值（这是两位获得诺贝尔经济学奖的金融经济学家的一个主要学术贡献）。无论盈利是以现金、资本增值，还是以股票的形式回馈给股东，似乎并没有太大的差异，所有的盈利都归股东所有。但是，在实际投资的过程中，企业处理盈余的方式对企业今后的业绩和今后股票的表现存在重要影响。

从公司财务的角度来看，公司创造出来的盈利是归属股东的。无论公司采取什么形式，如果能把盈利返给股东，不但可以给股东提供稳定的投资收益和现金流，还可以帮助股东利用投资收益进行进一步的多元化投资。

当然，也有很多上市公司选择不把盈利返给投资者。许多高科技企业，比如鼎鼎大名的微软公司和苹果公司，都在很长一段时间里不进行分红而积聚盈利，这样就逐步推高了股价。这种做法一方面可以强制投资者在持有和卖出公司股票之间进行选择，进而增加投资者的交易成本；另一方面，因为不同市场对资本利得（出售股票、债券、不动产等资本性项目取得的收入扣除其账面价值后的余额）和分红的税率不同，也有可能给投资者带来不必要的税收上的损失。

更重要的还是本书之前提到的公司治理问题。如果一家上市公司获得大量的盈利，公司高管又选择不把盈利马上返给股东，那么公司就会产生大量由公司管理层掌控的自由现金流。正如我们在前面所讨论的一样，公司高管在面对如此巨额的现金流时，往往考虑的不是股东的利益，而是管理层自身的在职消费和满足感。因此，他们可能会做出一些不利于股东也不利于股价的行为。

另外，正如债券付息一样，股票分红也是一种监督和约束企业的方式。如果一家企业可以稳定地支付股息或者定期回购本公司的股票，就反映出这家公司有稳定的业务和稳定的现金流，同时也反映出高管对投资者给予充分的关注。所以，资本市场往往更喜欢那些有规律地将盈利返给股东的上市公司。

可以说，上市公司和公司高管在是否分红、分红的不同手段，以及分红和回购之间也在进行积极的策略性选择。公司的分红或者回购不是一个简单的被动选择，而是充分考虑到股东的心态和市场的反应之后做出的投其所好的决定。

当一家公司决定把部分收益返给股东的时候，往往可以采取两种不同的方式：一是给股东派发现金红利或者股票红利，二是公司利用自己的资金对公司股票进行回购。通过回购，上市公司在一定程度上可以机械地提升自己股票的价格，也可以削减公司股票的数量，提高每股盈利水平。

公司关于是否进行回购也会进行谨慎睿智的思考：第一，公司会考虑投资者对于分红是否有比较强烈的偏好；第二，上市公司和公司高管也会利用投资者对于分红态度的转变，选择不同的回馈投资者的方式。

相关学术研究表明，投资者对分红的股票和不分红的股票的态度会有很大不同。如果把市场上所有的股票分成两类，一类股票是通过分红的方式给投资者回报，另一类采取不分红的方式，就会发现，在美国和其他国际股市里，过去30年里分红的股票平均而言比不分红的股票的表现明显要好一些。

当然，市场上的投资者并不总是喜欢分红的股票。某些年份分红类的股票表现得相对较好，但在其他年份不分红的股票表现反而更好。为什么投资者有时会喜欢不分红的股票呢？这些投资者往往看中了股票的长期成长性。比如，在1996—2000年互联网泡沫期间，投资者就都追捧那些不分红，甚至尚未赢利的互联网技术股票。可以想象，在互联网泡沫的时候，那些年轻的高成长的科技股都是不分红的，而这种不分红的股票的表现确实非常好。而另外一些时候，比如20世纪90年代初期，以及互联网泡沫之后的21世纪的最初几年，市场回归平稳，投资者又会重新看好那些传统、成熟、向投资者提供分红的企业。这段时期里，分红的股票的表现就会比较好。

由此，上市公司面临一个很明显的决策过程。它们会发现，有一些年份，派发红利的上市公司的表现会非常好；有一些年份，不派发红利的上市公司的表现会非常好。

作为对投资者这类偏好的回应，在不分红的企业表现相对较好的时期，越来越多传统意义上的进行稳定分红的公司会选择不再进行分红，或者明显地降低它们的分红比例和分红金额。而在那些分红公司股票表现相对较好的年份里，我们可以发现相反的趋势。由于这段时间分红的股票表现较好，传统上不进行分红的公司，比如规模相对较小的科技型、成长型公司，也开始进行分红。此外，一些原来分红比较少的公司，在市场认可和追捧分红股票的时期，也会提高公司分红的金额数量。

简单来说，上市公司通过它们对资本市场的了解，根据投资者对于分红型和不分红型公司的股票偏好的不断改变，也随之调整其分红策略以顺应投资者和市场的兴趣。既然投资者对于分红存在不同的偏好，上市公司也就会有这种"投其所好"的举动。对于企业而言，将盈利保留在公司内部和进行分红，并没有直接影响。因此，上市公司也有更大的空间对投资者"投其所好"。

股价的调整

上市公司"投其所好"的趋势不仅局限在公司的分红和回报股东的政策上，公司对股价的调整也是上市公司对投资者偏好做出反应的典型例子。

众所周知，上市公司的股价从理论上来说，只是公司价值和投资价值的反映。在公司的总股数保持不变的前提下，股价波动则可以反映公司价值的变化。

与此同时，公司股票价格也受到上市公司总股本和上市流通股本数量的影响。只要上市公司增加公司股份数量，那么同样价值的公司资产就会摊薄到更多的股份上，自然就会降低每股股价。与此相反，只要减少公司的股份数量，就可以人为推高股价。

这说起来是一个非常简单的算术题，连会做简单加减法的小学生都能想出这不过是一个朝三暮四的游戏。蛋糕还是那么一块蛋糕，投资者所要进行的选择，不过是决定到底是把蛋糕切成4块自己吃1块，还是把蛋糕切成8块自己吃2块。对于那些进行拆股（在国内就是高股票红利和高配股）的公司在拆股前和拆股后的态度，投资者也应该如同对待切成不同块数的蛋糕一样，清楚两者并无实质性的区别。

事实上，散户对于公司拆股而引发的股价下跌会做出异常强烈的反应。美国学界对此进行了大量研究，包括笔者在内的一些相关研究均表明，散户对于进行拆股的公司有非常强烈的兴趣。公司宣布拆股之后，尤其是公司的股价因为拆股而出现大规模机械性下调之后（例如，公司执行买一股送一股的股票红利或者拆股后，公司的除权股价自然会"下跌"50%，当然投资者在拆股后也同时持有两倍原来的股数，所以投资价值不变），公司股价会有一个显著的短期上升。

公司宣布拆股之后，投资者尤其是散户，购买这些股票的倾向比原来更强烈。也许正是因为公司意识到散户有购买拆股公司的股票的倾向，公司会有意识地通过调整自己公司的股票价格，达到吸引投资者或者扩大投资者人群的目的。

那么投资者为什么会这么关注公司股票的分拆？拆股这种看似肤浅的行为，为什么会吸引如此多的投资者关注？以下是两种不同的解释。

第一，公司在业绩比较好的时候更愿意拆股。因为通过拆股使得公司股价下跌以后，良好的业绩又会带动股价很快回到原来拆股前的水平。这种解释建立在投资者对公司的基本面具有准确了解的基础上。然而，根据本书之前的相关探讨，投资者并不一定具有这种能力。

第二，公司希望通过拆股获得投资者的关注。本书之前曾提到，散户对于近期股价创出新高或者新低的公司会给予特别关注，也会集中购买这些公司的股票。可能正是出于这个原因，公司通过拆股人为地让股票"创出"新低，不失为一种吸引投资者眼球的简单易行的手段。至于投资者是否有能力区别高质量的公司和低质量的公司，就不是公司关心的事了。

通过对美国散户和机构投资者投资行为的分析，研究者发现，散户在拆股后购买拆股股票的意愿比拆股前提升了200%。而在同期，机构投资者购买拆股股票的意愿只有小幅上涨。散户对拆股股票的追捧，直接反映出他们对于股价变化有一种近乎宗教般的狂热，却没能透过股价看到公司价值的真正变化。

笔者做过一个问卷调查，其中一个问题是"投资者为什么会对拆股的股票产生强烈的兴趣"，散户的回答多是"因为股票变得便宜了，所以以后肯定还会上涨"。当被问到"知不知道股票变得便宜是因为股数变得更多了，其实公司的价值并没有改变"的问题时，有超过一半的散户回答

"不知道"或"不清楚"。

投资者的这种"不知道"或者"不清楚"恰好给公司高管提供了一个利用投资者心理的好机会。美国资本市场的研究表明，公司是否决定拆股，很大程度上取决于市场上对于高价股和低价股的态度的转变。研究者把过去二三十年划分成为两类：一类是高价股表现较好的年份，另一类则是低价股表现较好的年份。研究发现，在高价股表现较好的年份，上市公司进行拆股的可能性较小，而进行反向拆股（把公司股数降低，人为推高股价）的可能性较大。相反，在低价股表现较好的年份，上市公司进行反向拆股的可能性较小，而拆股的可能性较大。由此可见，上市公司的高管确确实实是在利用市场对于高价股和低价股的不同态度，以达到迎合投资者、提升本公司股价和知名度的目的。

在国内A股市场，上市公司假拆股、真套现的现象屡屡发生。有不少企业，利用拆股和高配送来吸引散户购买本公司的股票。同时，当散户买入拆股股票从而推高股价的时候，一些内部持股人或者机构投资者就会利用此机会，掩护其减持自己手中股票的行为。和国外的散户类似，国内的散户显然也没有足够的投资能力来区分因为业绩好而进行的高配送和管理层为了套现而进行的高配送之间的差别。

究其原因，正如本书之前提到的，投资者确实喜欢购买"便宜"的股票。什么是"便宜"的呢？投资者一般会用公司的股价作为公司内在价值或者营运能力、赢利能力的预测标准。但很多投资者在利用股价预测公司价值的过程中存在认知误区：他们认为低价股就是便宜股票。因此，很多投资者的投资行为就与去菜场买菜颇为类似：看见标价低的，就会觉得买到便宜货了，因此会沾沾自喜，觉得物超所值。但是，当投资者购买低价股的时候，他们并没有考虑为什么这些公司的股价如此之低。

无论出于什么原因，上市公司是能够聪明地利用投资者的这种贪便宜的心理的。在上市公司认为有利可图的时候，它们就把自己公司的股价人为地压低，通过拆股吸引更多的投资者购买，从而推高公司的股价。这一点不仅表现在公司对于是否拆股的决定上，在公司的IPO定价方面，也有类似的行为。

通过对历史股价变化的研究，研究者发现低价股表现较好的年份，公司上市后的发行价格（这里指绝对上市价格，而不是上市估值的市盈率）通常也比较低。根据美国的历史数据，在20世纪80年代初低价股比较流行的时候，美国上市公司的平均发行价格大概为每股10美元。但在互联网泡沫时期，大家都喜欢追捧高价股，因此在1999—2000年互联网泡沫期间，上市公司平均的发行价为每股25美元，大大超过历史平均水平。

首先，这反映了部分上市公司希望用它们的股价显示自己的实力。其次，在互联网泡沫时期，只有高股价和高发行价才能达到吸引投资者眼球的目的。当然，上市时的高股价并不能保证上市后的优良业绩。在互联网泡沫期间，众多互联网公司曾以高股价上市，并在上市后继续保持比发行价更高的价格，但这些公司在互联网泡沫破裂后大多不复存在。对于其中硕果仅存的公司，在进行复权调整之后，这些公司现在的股价还不如在泡沫鼎盛时期公司上市时的发行价。由此可见，公司股价对今后股票走势的影响是高度不确定的，这实在值得投资者深思。

10 投其所好：公司决策其他

我们也观察到，在互联网泡沫期间，公司除了调整自己的发行定价外，还会利用流通股的规模调整公司的上市价格。由于投资者在互联网泡沫期间对高科技股趋之若鹜，很多公司在上市时特意压低本公司上市发行的流通股股数，利用投资者高涨的热情，人为推高公司上市时的价格。这就是经济学里所讲的给定需求（股票）不变，供给越少，价格越高的道理。

但是可能也有一些读者会问，为什么像苹果、伯克希尔－哈撒韦这样优秀的公司，这么多年过去，它们非但不拆股，有时候甚至不分红，却把公司股价推到每股几百美元，巴菲特所拥有的伯克希尔－哈撒韦公司的股价甚至已经达到十四五万美元每股？为什么在有些上市公司压低自己股价的同时，另外一些公司却人为地提升自己公司的股价？

其实，对此也可以用之前提到的"投其所好"来解释。巴菲特就曾经在接受媒体采访的时候，表达得非常明确，他说："我不希望那些对于短期投资收益过度关注的投资者进入我的股东群，影响我的投资决策。"这里面所说的短期投资者，应当就是散户。巴菲特希望利用较高的股价来阻止散户成为自己的股东，借此保证自己的股东和董事会都支持自己长期投资与价值投资的理念。由此可以看出，无论最终目的是什么，上市公司和公司高管都是在有意识地利用自己的分红政策和拆股政策（正向或者反向）或上市定价策略来积极地选择自己的潜在投资者。同时，公司也通过对潜在投资人群的诉求的回应，达到吸引投资者关注、提升投资者好感、贯彻自己经营思路，并最终推升本公司股价的目的。

企业名称的更改

除了在企业融资和上市的过程中,公司高管会考虑投资者的偏好,很多其他的企业活动也同样反映了公司高管极其精明地利用投资者的偏好为自己谋利的手段。

其中一个例子就是公司名称的改变。在国内,如果公司出现了重大的业务板块调整或者重大的股权变更,那么公司就会进行名称调整。但是在美国,对上市公司的名称更改没有这么高的要求。美国的上市公司更名其实非常普遍,公司只要通过董事会和股东大会同意,就可以更改名称。

在一些特殊的历史时期,公司的名称是非常重要的。虽然从投资原理来看,一家公司的名称对投资者并没有那么大的影响,但是从认知的角度来看,很多投资者对于公司名称却给予了高度关注。有很多大型的上市公司,会挑选或者利用公关关系获得比较好的股票代码,由此吸引投资者的关注和好感。

美国在互联网泡沫时期,有很多企业把自己的名称从原来的业务主线名称,改名为".com"公司。理论上,公司名称的改变对公司的业务、赢利能力和分红都不应该产生任何实质影响,但是投资者偏偏会对这些更名的公司产生非常浓厚的兴趣(这也正反映出公司高管操纵投资者心理的水平之高)。

很多投资者在公司改名为".com"之后,对公司产生了浓厚的兴趣,这本身就反映出很多投资者的投资决定十分轻率。同样一家公司,名称叫得性感一点儿就能够吸引投资者这么多的关注,确实匪夷所思。对于这些在泡沫顶端追赶潮流，追赶概念，大胆推高股价的投资者，他们买入的往往是那些最善于利用投资者心理但业绩一般的公司的股票。这些公司高管正是因为难以提升公司的真实实力和盈利水平，黔驴技穷，才想出了这种为了讨好投资者而更改公司名称的举措。结果，往往是那些"入市不深"的散户最容易受这种伎俩影响。随着2001年互联网泡沫的破裂，许多".com"公司的股票跌到峰值时期的5%甚至1%，更有甚者，直接破产倒闭。那些在高价买入名不副实的".com"公司股票的散户，收获的只有数不尽的悔恨。

其中一个著名的案例，就是美国一家叫作"rose.com"的公司。这家公司原来是一家通过电话为特定对象提供鲜花销售的企业，但它在把自己的名字改为"rose.com"之后，短短一周之内，公司的股价就上涨百分之七八十。

可是公司基本面一点儿也没变，公司本来就在进行鲜花的网上销售，公司更名对于整个公司的业务没有任何实际影响。但是随着名字的更改，公司股票价格出现了大幅上涨。因此，之前买入该公司股票的股东得到了好处，但是新进投资者却为这家公司的更名付出了高昂的代价。随着2001年美国互联网泡沫的破裂，这家公司的股价跌到其峰值的10%以下。很多在该公司更名后冲入公司股东的投资者，都在这个过程中输得丢盔弃甲。

互联网泡沫中的这些现象，看似有其特殊性，但在历史上却并不乏类似的事件。远的不说，在20世纪50年代美国电子化泡沫中也出现过类似的更名情况。当时很多公司为了吸引投资者的关注，纷纷将自己的名称改名为带"电子"(tronics)的词语或后缀、颇似技术公司的名称。和互联网泡沫中的现象颇为类似，投资者对这些更名的公司也表现出强烈的兴趣。

在国内，笔者的学生曾经做过相关的研究，研究表明，投资者不只是对于名称本身颇为关注，对于这个名称是不是容易识别和记忆也非常关注。在国内A股市场里，如果一家公司的名称很复杂，那么它的股票的表现也相对会差一些；如果一家公司的名称很简单，很容易记住，那么它的股票的表现也相对会好一些。除此以外，如果一家公司更改名称，从比较复杂的名称改到比较简单的名称，这家公司股票的表现会相对好一些；但如果是从简单的名称改到复杂的名称，这家公司股票的表现则会相对差一些。由此我们发现，投资者不仅对于公司的基本面非常关注，对于公司的一些非常表面的信息，比如公司的名称、公司高管是谁、有没有明星股东等，也会非常关心。投资者对于这些信息的关注，其实既证明了做好投资者关系的维护和投资者关系公关对于企业的重要性，也反映出投资者容易受到表面信息影响的倾向。

基金名称的更改

事实上，不只上市公司名称容易改动，基金公司及其所管理的基金的名称也可以出现较大的调整。

在美国，即使基金公司被称为成长型、价值型或国际型，监管机构对于公司的资产投资类别也并不存在强制性要求，不像国内的基金如果被称为股票型，则必须有 80% 投资股票市场。美国基金的名称不受监管，基金是由专门机构进行分类的，比如晨星、理柏等专业的基金评级机构。因此，在美国，对基金名称进行更改相对较容易。美国学界的研究发现，在过去的 20 年内，美国有很多基金曾进行更名。它们更改名称的原因，并非股东结构变动这样的实质性原因，相反，往往是把自己基金的名称从一种风格改成另一种风格。

其中，最频繁的变动就是某些基金从原来小盘股基金改名为大盘股基金，同时也有些基金从大盘股基金改名为小盘股基金。从风格上讲，很多基金由原先的价值型改名为成长型，也有基金从成长型改名为价值型。基金名称的更改在美国相对容易，所以这种现象也相对普遍。

那么基金管理公司为什么要更改旗下基金的名称呢？研究表明，往往是在某种风格的基金表现较好的时候，基金会把自己的名称从原有的风格改为这种表现较好、较受市场认可的风格。比如在 1997—2000 年的互联网泡沫时期，投资者对于成长型的企业都非常关注，因此有很多原先叫价值型的基金改名为成长型。与此同时，在互联网泡沫期间，小盘股增长更快，也更具有吸引力，因此，有很多基金把自己的名称从大盘股基金改名为小盘股基金。可以看出，基金能够通过更改基金名称的方式吸引投资者的眼球。

类似地，在经济运行不佳的时期，投资者可能会更认同大盘股以及价值型的股票。因此，相关研究发现，会有不少基金把自己的名字从原来的小盘股更名为大盘股，或者从原来的成长股更名为价值股。

基金在改名过程中也有许多营销策略上的操作，使得改名对公司本身的业绩产生直接影响。因此，从提高投资者的关注度和认可度的角度来看，基金名称的更改是十分有效的。可以发现，投资者更愿意将资金交给属于他们所认可的风格的基金来管理，因而基金公司通过更名来迎合投资者的策略可以明显地吸引资金流入。一些基金在更名后的半年时间内，其管理规模甚至扩大了50%。

与此同时，对这些更名的基金而言，它们的投资风格并没有明显改变：原先叫价值型的基金改名为成长型后，投资组合里仍持有大量价值型股票；原先叫大盘型的基金改名为小盘型后，投资组合里也仍然持有大量大盘型股票。这种现象其实也可以理解，如果一家基金的基金经理以及该基金经理的投资风格没有发生改变，无论基金名称如何改动，基金本身体现的还是该基金经理一贯的投资风格。

从这个角度来看，由于基金的整体投资风格、投资理念以及收益都没有发生明显的改变，所以名称的更改并没有真正改变基金的策略和实质。但从另一个角度来看，这种做法显然深深打动了投资者的心，可以帮助基金吸引更多资金，所以是一种市场宣传的有效方式。可惜的是，投资者自身并不能通过基金更名获利。因为有些投资者并不知道，即使基金的名称发生改动，它也仍停留在原有的投资风格上。

基金的开放与封闭

除了名称的改变之外，基金有时候还会利用基金的开放和封闭来迎合投资者的需求。有很多业绩表现不错的基金，在净值大规模增长之后，会选择封闭基金。究其原因，是由于基金在规模扩大之后，管理难度增加，基金业绩也会相对下滑。因此，有很多基金公司会选择封闭少数的几只基金，不再对散户开放，新来的散户只能仰慕这几只基金的大名，而不能投资这些已经封闭的基金。

基金管理公司选择封闭基金，存在几重不同的考虑。其一，封闭之后基金规模不会变大，因此也更容易管理，基金经理能够将这些基金做出较好的业绩。其二，在取得较好的业绩之后，基金管理公司往往会利用这些基金进行一些宣传活动。其三，如果这家基金管理公司的品牌能在投资者心目中确立较高的地位，今后公司旗下的其他基金就会变得比较容易销售了。

在中国基金行业比较典型的案例就是华夏大盘精选。众所周知，王亚伟曾管理的华夏大盘精选是一只表现非常好的基金，但这只基金长期对投资者封闭。投资者，尤其是广大散户是无法购买华夏大盘精选的。

但是通过华夏大盘精选出色的业绩，华夏基金管理公司可以有效地宣传自己的品牌形象和投资能力。在投资者日后做基金购买选择的时候，可能会更多地考虑华夏基金管理公司的产品。有很多基金管理公司，包括海外的基金管理公司，都会利用封闭某些基金的方式达到宣传的目的。

优异的投资业绩对宣传有很大的推动作用，但是由于这些基金被封闭，基金管理公司不得不放弃可观的管理费用。因此，基金管理公司在考虑将基金封闭的同时，往往也会考虑在合适的时机将这些封闭的基金重新打开，以吸引投资者更多的资金，从而扩大基金管理公司的管理规模。

基金公司非常聪明，它们只有在封闭的基金持续保持一段出色的业绩后，才会打开这只基金，这其实与苹果公司进行的饥饿营销颇为相似。由于此时投资者对该基金的投资意愿已经非常强烈，一旦基金开放，往往能够吸引大量资金涌入。随着基金的开放，基金的管理规模会有大幅上涨，有些基金甚至在重新开放后的一个月内规模的扩张便超过100%。

同时，正是因为这些基金在过去拥有出色的表现，在投资者里均有极高的人气，同时又经历了这么长时间的饥饿营销，投资者往往在基金重新开放时对基金的管理费用就不那么敏感了。因此，这些封闭了很长时间的基金在开放之后往往会向投资者征收更多的费用，一般会高出市场平均水平30%~40%，以补偿过去一段时间由于基金封闭损失的一些管理费用。从这个角度讲，基金管理公司在管理费用方面并没有遭受很直接的损失。虽然之前几年因为规模没有扩大而没有获得更多的管理费用，但之后通过更大的规模和更高的费用将之前的损失弥补上了。

同时还有研究表明，随着管理规模的扩大和管理思路的调整，许多原先业绩出色的封闭基金在重新开放之后不再能够保持优异的表现。这再次反映了基金公司聪明地利用了投资者的热情和渴望，吸引投资者踊跃申购其份额，但是并不能给投资者带来先前基金封闭时的优异投资业绩。

11
政府与监管者的行为偏差

监管层和政策制定者都有一定的行为偏差和局限性，
同时，很多政策也有局限性。
因此，政策制定者在酝酿相关政策的过程中必须认清自己的行为偏差，
以便制定更为科学的监管政策。

政府的过度自信

正如之前所讨论的，投资者、金融机构及企业高管对自身能力、信息准确性，以及所处情况的判断，有过度自信的倾向。政府机关不是空洞的组织架构，而是由很多个人和党派组成的。由于个人本身的行为偏差和社会组织结构对个人行为的影响，人们通常会发现，在个体身上能发现的非理性行为，政府也不可避免。

有一类典型的案例可以反映政府及其领导人表现出过度自信的趋势，那便是在军事领域里著名的防线和工事的建设。我国万里长城是非常著名的防线，可是无论秦长城多么坚固，都没有阻挡住匈奴人对中国北方连年不断的侵扰；无论明长城如何壮观雄伟，也抵挡不住清军入关。

第二次世界大战的时候，法国为了防御德国的入侵，修建了马其诺防线。由当时法国的陆军部长马其诺规划。从1928年起建造的马其诺防线，历经十多年，到1940年才基本建成，耗资50亿法郎（1930—1940年的货币）。防线主体有数百公里，主要部分在法国东部的蒂永维尔。马其诺防线整体由钢筋混凝土建造而成，十分坚固。防线内部拥有各式大炮、壕沟、堡垒、厨房、发电站、医院、工厂等，通道四通八达。较大的防御工事中甚至配有有轨电车通道，以便于部队和物资的调动。防线以德国为假想敌，所以仅防御法德边境的"关键"地带，而没有考虑敌人从与英法两国关系紧密的荷兰发动进攻。同时，由于法国和比利时边界的阿登高地地形崎岖，不易机动作战，所以法军也没有在此修筑防线或多加防备。但是法军万万没有想到，第二次世界大战爆发的时候，德军诱使英法联军支援荷兰，再偷袭阿登高地，并从阿登高地一举绕过了马其诺防线，挥师南下，迅速占领了法国大部分国土和首都巴黎。威名一时的马其诺防线，一夜之间就变成了一堆毫无用处的混凝土。

又如第三次中东战争之后，以色列修筑了大名鼎鼎的巴列夫防线。在参谋长巴列夫的设计下，为了长期守住苏伊士运河的战略要地，以色列从1969年开始，不惜动用大量的人力、物力和财力，先后耗资数亿美元，在苏伊士运河东岸构筑起正面宽约175公里、纵深长约10公里的防御体系。在这个防御体系中，最令以军骄傲的是在运河边上构筑起的一条沙堤阵地。这条号称"沙阵"的防御阵地是以色列人的一大发明。它与陡峭的河岸连成一体，平均高度约25米，重点防御地段高60多米。除了部队和装备外，以色列方面还精心设计了"火障"防线，在每座碉堡下面，埋有一串石油桶，用管道相连接。只要一按电钮，喷油机会把石油喷到运河水面，河面就会燃起熊熊大火，把整条运河变成一条火障，抵御阿拉伯国家方面的进攻。可惜的是，在1973年10月6日战争爆发的时候，埃及部队利用"以水克沙"的方法，使用高压水泵冲垮了以色列守军的沙堤防御。埃及军队只用了短短的几个小时，伤亡208人的微弱代价，就一举突破了以色列守军一直引以为豪的、"固若金汤"的巴列夫防线。至于以色列部队引以为豪的"火障",甚至都没有得到发挥作用的机会。

当然,历史上类似的例子还有很多。各国统帅的想法其实都一样,认为只要建立一条稳固的防线,就可以高枕无忧地抵御敌人的进攻,保障国家的安全。但是回顾军事历史,敌军几乎每一次都能想出办法绕过或者突破守军布置的防线。从这个角度来看,各国的防线和设计防线的军事统帅,对于自己防线的抵御能力也表现得过于自信。

关于政府和监管层过度自信的例子,也广泛存在于经济生活和金融决策中。在1989年美国股灾和由此引发的美国存贷银行危机之后,时任美联储主席格林斯潘通过大幅度降低利率的方法,大规模地在经济体里释放流动性。由于这种宽松的货币政策在短期里并没有引发美国国内出现通胀,也没有造成资产泡沫,格林斯潘自信地认为,互联网的出现和全球经济一体化进程的加速,会使美国的劳动生产力大幅度提高。因此,他所推行的宽松的货币政策不会像历史上的其他刺激政策那样,推高美国物价或者资产价格,也不会造成大规模的金融危机。直到格林斯潘于2006年(次贷危机爆发的前一年)卸任的时候,他的这种想法仍得到了全球政策层的认可。世界各国的领导认为格林斯潘用出色的货币政策帮助美国和全球经济躲过了一次次的危机,并且创造出新的经济增长。因此,全球的经济学家和银行家都用"大师"和"伟大的金融家"的头衔来称赞他。

但是,短短一两年之后,全球金融危机爆发,全球的政府、民众和投资者开始意识到,格林斯潘在任上推动的过度宽松的货币政策,刺激乃至扭曲了美国和全球家庭对于住房的投机需求,同时推动整个全球资产价格大幅度上扬，才有了金融危机前全球经济高速发展的假象。正是那几年过度的刺激和发展，才导致了 2007—2008 年的美国房地产危机、全球金融风暴。从一定意义上讲，正是 21 世纪前几年史无前例的经济增长，导致了格林斯潘的过度自信，过高地估计了自己对于整个人类经济运行的了解，也过高地估计了美联储对于整个经济形势的把控。格林斯潘盲目地认为技术进步、全球化和互联网以及金融创新已经把经济周期这只老虎彻底关进了笼子。从历史的角度回顾，格林斯潘也曾经盲目地相信"这次真的不同了"。

然而，在短期之内没有出现通货膨胀或者资产价格大规模上涨，并不代表长期以来存在于货币供应量和通货膨胀之间的关系不再适用。格林斯潘武断地认为过去相信的货币供应和物价水平之间的正向相关的关系，在新的经济环境下，已经不再适用。正是这种过度自信，导致美联储对经济形势做出了一系列错误的判断，并在事后推出了错误的政策，最终导致波及全球的金融危机和金融海啸，也几乎摧毁了欧盟和欧元机制，直接导致欧洲主权债务危机。可见，即使监管层是由像格林斯潘这样一言九鼎，具有极高声望和影响力的人来运转，也难以摆脱人类过度自信的基本心理，同样难以改变经济运行自身的规律和本质。

2007—2008 年金融危机期间，美国还有一个监管层因为过于自信，导致错误的监管措施出台。美国证券交易委员会是美国对于金融机构进行信息披露和监管的部门。在 2005 年前后，美国证券交易委员会已经意识到市场上的金融机构开始交易一种新型的衍生工具，就是后来导致全球次贷危机的 CDO 和金融机构为了对冲次贷危机的风险而相应创造的 CDS。

作为一个监管机构，美国证券交易委员会的工作目标主要是以查处违法行为为主，所以工作人员以律师为主，但是他们对于金融创新产品的理解不是很深入。与此同时，由于金融机构每一个季度向证券交易委员会提供的资产质量的报表中并不包括金融衍生产品，所以难以准确地评定衍生产品对金融机构风险敞口所带来的重大影响。

首先，在2007年金融危机之前，美国证券交易委员会没有意识到整个金融市场的结构已经发生改变，非交易所柜台的市场交易（OTC，也称为场外交易市场）规模和交易风险已经与日俱增。其次，全球的金融机构为了获得更高的利润，已经开始采取一些特殊的投资方式进行投资，或者采取一种可以不按照市场真实价值的方式来进行计价的会计体系，以绕开美国证券交易委员会的监管。在这种新的会计体系下，金融机构可以进行高风险投资。在这么大的变革面前，美国证券交易委员会却反应迟钝。由于缺乏足够的关注和警觉，美国金融机构承担了越来越大的风险。随着金融机构的风险敞口加大，可以用来支撑这些风险敞口的资金也显得更加不足，由此导致了2007—2008年的全球金融危机。美国很多大型金融机构不得不面临倒闭或被国有化的后果。

政府的代表性偏差

在美国，除了中央银行美联储和证券交易委员会之外，多数证券市场的交易规则是由证券交易所制定的。在金融危机前，历史悠久的纽约证券交易所关于做空机制的错误改革，一定程度上也使得2008—2009年肆虐全球的金融危机愈演愈烈。自从1933年大萧条之后，为了防止再度出现1929年那种股票市场崩盘，美国最大的交易所——纽约证券交易所一直实行一种对融券做空交易的涨价要求。所谓涨价要求，是指纽约证券交易所虽然允许投资者融券和做空股票，但是为了保证市场不出现这种恶意的做空行为，任何一个投资者如果要进行做空交易，必须满足一个条件，即纽约证券交易所只有在同一只股票的前一个交易价格上涨的前提下，才会执行下一个做空交易。如果这个做空交易之前的一个交易导致了这只股票价格下跌，那么交易所将等到这只股票价格上涨的时候，才会执行这个做空交易。也就是说，在股价下跌的时候，交易所不允许做空者执行做空交易，以防止做空者恶意压低股价。

在2008年全球金融危机爆发之初，由于金融机构在进行越来越多的对冲和更加复杂的交易的时候，希望能够更自由地做空股票，所以它们一直不停地游说纽约证券交易所，希望交易所能够放宽对于做空交易的管制。于是，在2007年末到2008年初市场相对比较平稳的时候，纽约证券交易所就尝试放松对个别股票的做空要求。由于交易所是在市场比较平静的情况下，在少数几只股票上进行的实验，所以并没有对整个市场产生太大影响。根据这一实验结果，纽约证券交易所就盲目地认为过去半个世纪对做空交易的涨价要求已经不再适用。利用这些有限的证据，纽约证券交易所就此放松了对于整个市场做空交易的要求。

于是到2008年金融危机的时候，出现了对于股票权重股、金融概念股非常大规模的做空交易。其中有一些做空交易就是裸卖空，即没有融券活动就直接进行做空。由于做空交易的涨价要求已放松，这些裸卖空的交易在短期内对美国股市产生了巨大的负面冲击。股价暴跌又进一步加剧金融危机的严重性，对美国金融机构和其他行业都造成了很大影响。面对60年对做空机制的经验，纽约证券交易所只经过了比较短暂的限时交易，就过度自信地认为对于整个金融运行的规律很有把握了，由此推行了错误的改革措施，导致整个美国金融体系面临巨大的风险。

与此类似，就像某位联储官员承认的："我们不应该对美国推出的一系列量化宽松政策沾沾自喜，以1929—1933年大萧条的教训为依据，这次以美国政府为首的发达经济体大举推动资产购买和量化宽松的经济刺激政策，可能到多年以后才能客观评价其真实长期的效果。"

社会组织对人类行为和决策的影响

和企业决策过程相比，政府的决策过程因为往往是集体决策，所以相对比较复杂。这同时也反映了一个跨领域、跨行业的政策决策过程，需要各个不同部门和不同层面的协调。

社会学和社会心理学研究都表明，决策者在集体决策过程中会面临一些在个体决策过程中不会出现的难题。在集体决策过程中，每个个体都会面临特别的挑战或者阻碍。斯坦福大学和耶鲁大学曾做过著名的心理学实验：在个人测试时，很多学生回答不会对别人做出一些比较残忍的行为，但是一旦把这些比较善良的个体放在一个群体的环境里面，研究者发现，在集体讨论过程中，不少人会逐渐认同或者支持采取一些极端和残忍的行为。心理学家用这一实验和证据证明，在集体决策过程中更有可能出现极端行为，同时也解释了纳粹德国在第二次世界大战时犯下战争罪行的原因。

很多行为并不是某个人决定的，而是在特定的环境下，由整个社会环境和社会的价值共同推动而造成的。根据心理学的研究，集体决定过程中除了有可能造成很极端的决策之外，还可能出现其他问题。比如，集体讨论的成员都更关注已经讨论过的话题，关注大家已知的一些信息，于是，往往会在已经熟悉的方面花更多的时间讨论，忘记还有很多其他重要的信息。

此外，社会心理学研究还表明，由于参与讨论的个体为了回避在集体讨论过程中出现很极端的对立，或者出现强烈的不同意见，人们更多讨论一些取得共识的想法，而避免讨论不同意见。所以无论是从时间的分配还是内容的关注度来讲，集体讨论的结果都没有多样性。与此同时，集体讨论使每个参与者都会放松在讨论中的责任感，觉得最后的决定不是个人做出的。由于他们已经听取了很多专家的意见，所以觉得一旦犯错，自己也不应该承担主要责任。

人们为了避免在别人面前出现难堪局面，不愿意提出和集体讨论不同的意见。很多时候，会议的主导者或者先发言的人的想法很大程度上会决定整个会议的方向。每个人都希望在团体里得到认同，和别人的意见相对一致。从这个角度来讲，集体决策的过程有时不是非常有效，也有可能导致决策还不如个体进行的决策。持有不同意见的少数人会因为考虑到自己的形象，少提反对意见或者不同意见，进而导致整个讨论过程出现一边倒的情况。

因此，所谓的集思广益或者众人拾柴火焰高的想法固然正确，但在真正重大的决策过程中，集体决策未必比个体决策更有效，或者更多元化。在董事会做决定或者制定重要政策的过程中，人们有可能因为心理学上的原因或者自身局限性，导致决策过程不完全理性或者有效。

政府的控制幻觉：准入限制

在决策过程中，政府除了过度自信之外，还会产生另外一种与生俱来的行为偏差，那就是控制幻觉，即投资者在自己信息相对有限的情况下，反而还对自身能力过于自信，进而觉得自己可以控制自己其实控制不了的局势。例如，全球有不少政府对本国经济发展进行长远规划，以推动经济增长和促进社会进步。规划的前提是，各国政府认为对于经济的管控和制定的经济政策有助于提升经济发展的速度与质量。

事实上，在所有实施经济规划的国家中，既有像新加坡这样比较成功的案例，也有像苏联和东欧国家那种比较失败的案例，更有像日本这种在短期取得空前的成功，但之后陷入空前的困境的案例。所以，从历史规律和经济运行规律来看，规划对于经济发展的速度和质量的影响并不明确。经济发展有其自身的运行规律，如果政府希望通过政策来熨平经济周期，或者拉长经济增长的时期，这在短期或许可以达到目标，但是从长期来讲，经济政策越是在短期扭曲某些要素的配置，越是想拉长或调整经济周期，就越有可能对经济增长的长期可持续性造成影响。经济自身很可能采取更加极端和破坏性的方式，来恢复被短期经济政策扭曲的要素价格和资源配置。

在1989年股灾和存贷银行危机之后,美联储就采取了非常宽松的货币政策,以帮助美国经济复苏,刺激经济增长。这就导致了1996—2000年美国及全球互联网泡沫。直到2001年美国互联网泡沫破裂后,美联储又一次采取了宽松的货币政策,以鼓励居民购买房产的方式刺激美国经济。这一轮刺激政策催生了美国的房地产泡沫和房地产危机,并且最终导致全球次贷危机和2007—2008年全球金融危机和金融海啸。

即使是在2008年金融危机之后,以美国为首的西方国家政府并没有从过去20年的经济运行中吸取教训。为了挽救几乎崩溃的美国和欧洲金融体系,美国和欧洲主权政府又进一步采用大量的量化宽松政策,把纳税人缴纳的财政资金不断注入金融机构。与此同时,美联储和欧洲中央银行以购置长期资产,释放天量流动性的方式,把大量资金注入全球金融体系,造成全球资产价格大规模上涨,也造成全球金融体系的不稳定。在全球金融体系中,越来越多的资金(热钱)追逐有限的投资机会,导致各市场不断出现大涨大跌的宽幅波动,比如原油、黄金都表现出大幅波动,这其实和政府大规模地利用政策干预经济运行周期的做法有关。

政策和监管的局限性:管制与准入限制带来的扭曲

监管层和政策制定者都存在一定的行为偏差和局限性,同时,很多政策本身也面临局限性。由于企业和家庭行为都会对监管政策做出被动反应,所以一项政策或者监管规定的出台,有可能导致被监管者和企业行为的完全改变。所以，政策制定者必须把市场的反应纳入政策决策过程。

2013年国内出台的"新国五条"对房产税进行了规定，本意在于遏制房价上涨过快的趋势，但政策出台之后却导致了政策制定者意想不到的两个结果。首先，与初衷截然相反的是，居民希望在房产税生效之前过户房产，因而导致了短期内房地产市场交易的异常火爆和房地产价格的爆发性上涨。其次，很多家庭因为持有多套房产，为了规避在今后交易中可能需要承担的税负，而采取离婚的方式来降低每个家庭所持有的房地产数量。于是，房地产过户交易中心人潮涌动，婚姻登记中心的火爆情况也毫不逊色。究其原因，主要是在制定和实施政策的过程中，忽略了市场可能做出的非理性反应。

上市公司"不务正业"为哪般

2011—2012年，随着国内不少上市公司披露财务报表，众多媒体纷纷报道了一个有趣的现象：越来越多的上市公司偏离自己的主营业务，开始染指、涉足甚至高歌猛进转入另外两个领域——房地产和"高利贷"，即把银行获得的低息贷款以高出许多的利率再放贷给那些更需要资金的公司。

很多市场观察者对这个趋势表示了关注和担忧。成功的公司往往都有自己独特的主营产品或业务，也注定要有自己的核心竞争力。正是基于这种思考，在中国资本市场上市融资的企业都被寄予了专业、专一发展的期望。暂且抛开中国目前经济发展的高速度和日新月异的经济形势，即使是在美国这样高度成熟的市场中，我们也不难发现，许多企业在上市后，仍然会进行重大的战略转移和多元化发展。苹果当年不正是通过从计算机领域到大众媒体和消费品领域的转移，才有了过去10年的辉煌吗？亚马逊不也正是通过完成从网上书城到网上一站式消费门户的转变，才得以从互联网泡沫破裂中涅槃吗？

上市公司追求股东回报的最大化是应尽的职责。扩大股东收益，无非是通过股市融资进行更有回报的投资。从这个角度讲，公司管理者的重要任务就是寻找那些有发展、高回报和低风险的投资机会。那么上市公司似乎做到了这一点，为股东获得了无风险的获利和套利机会，为什么反而受到关注、批评和指责呢？

关键在于两点：第一，这种投资或套利的机会并非所有公司都有机会参与。试问那些接受上市公司高利率贷款的非上市公司，不正是由于缺乏从传统银行体系获得稀缺而珍贵的廉价信用资源，才被迫寻求其他融资渠道吗？

这一方面反映了民间企业对资金的强烈渴求，另一方面反映了传统金融机构没有很好地提供企业所需的信用。如果是支付同样的利率，为什么银行没有自由或能力直接对需要资金的企业提供融资，自己获得丰厚的利差收益呢？在金融领域里像利率这样的重要价格信号的严重扭曲，直接导致了企业融资和投资决定的扭曲。这么看来，上市公司并非这种决定的始作俑者，只不过是理性地对市场价格做出反应的经济人罢了。

第二，既然成为上市公司，就意味着不但可以从股票市场获得大量廉价的资本，还可以利用上市公司的身份，从银行获得更加低廉、大量的资本，那么上市这一目标就变得更加难以抗拒了。只要能上市，乌鸡也能变凤凰。只要能上市，公司就可以把廉价融资和不负责任的投资游戏长久地玩下去。只要能上市，公司就能够冲破银行系统的阻力和贷款过程中的不对称，轻而易举地给股东带来像样的回报。无怪乎上市公司对这种做法见惯不怪，而非上市公司对这种行为大呼不公了。

对很多公司，尤其是高新技术公司，上市应该是新的创业的开始，可在当前的环境下，竟成了很多公司创新的终点，这为市场监管者提出了新的课题和挑战。对上市的限制，显然是出于监管层对投资者的呵护和保护，希望通过上市过程中的筛选和甄别，防止重大纰漏或欺诈。

在过去 100 年间，美国的资本市场经历了一次大萧条、两次世界大战、三次恶性通货膨胀以及众多的国际事件、经济周期和欺诈丑闻。投资者在历经艰辛后，仍然不免在互联网泡沫和次贷危机中轻信预测，蒙受重大损失，可见投资者的某些行为偏差，很难通过简单限制上市或保证收益来避免。成熟的市场需要成熟的投资者，而成熟的投资者必须最终有能力做出风险和收益之间的权衡和判断。一味限制上市过程，反而有可能助长投资者对自己有限的投资能力的信心，长远来看，则是累积了市场风险，最终给投资者带来更大的损失。

上市公司"不务正业"的现象当然值得思考和担忧，但板子似乎不应落在上市公司身上。如果有一天，所有企业都有机会"不务正业"，"不务正业"的机会也就自然会消失。

中国企业为什么不回购自己的股票

除了企业的业务选择之外,中国上市公司回报股东的方式也一直受到投资者和证监会的关注。2012年,证监会曾大力号召上市公司,尤其是那些低市净率的企业(总资产值低于净资产值)回购本公司的股票。

从国际资本市场的经验来看,这不失为是一剂良方。一方面,公司回购自己的股票对公司股价有推动作用。根据美国资本市场过去40多年的研究,回购公司的股票在今后一年可以跑赢其他类似但不进行回购的公司七八个百分点。另一方面,如果上市公司相信公司的价值被低估,那么回购本公司股票不但可以向市场发送管理层对本公司充满信心的信号,推高本公司的股价,同时还可以帮助公司以较低的成本增加对本公司股票的控制,进一步支持管理层的长期战略和计划。

然而,在证监会的号召发布之后,真正进行回购的上市公司屈指可数。其中原因颇多。首先,公司净资产是一个相对静态的概念。许多企业的净资产可能在上市前都没有经过太大的调整,而在上市之后,企业可能已经通过主营业务调整、股权结构变更、关联交易和资本运作,大幅改变了其真实的净资产规模。因此,市场认定的净资产,可能未必是企业真正的净资产。那些跌破净资产的企业,在内部人士眼中,也可能并不一定显得那么便宜。

其次,即使市场真的没能反映某些公司股票的内在价值,市场也有可能长期无效地继续这种不准确的估值。一个经典案例是封闭式基金的定价。作为一个投资组合,封闭式基金理应准确地反映组合中所投资的证券的价值。然而，基于全球资本市场的研究表明，几乎在各个资本市场，封闭式基金的价值经常会低于其投资组合的市场价值。按照投资理论，投资者只要在市场上买入该封闭式基金，并同时在股票市场上通过融券卖空该基金所持有的投资组合，就可以赚取该封闭式基金被市场低估的价值。

然而，这种貌似俯拾皆是的赚钱机会，显然没有投资者想象的那么简单。首先，在市场上，不能保证封闭式基金的折扣会在短期内消失。中外股市都曾出现过某些封闭式基金的折扣随着时间的推移非但没有减少，反而逐步增大的现象。投资者如果按照上述投资策略操作，非但不会赚钱，还会蒙受损失。

再次，投资者往往关注短期投资业绩，可能没有耐心等到市场发现企业真正的价值。目前在中国市场，散户仍然占重要地位，机构投资者的很多决定，在对企业长期发展进行研究和判断的同时，也不得不考虑市场上的散户等其他参与者的情绪和偏好。如果一个市场上的投资者考虑的多是股市下个月会怎么表现，那么关注股市长期发展的政策很可能在短期被市场忽视。

最后，在其他很多发达的资本市场，融券和卖空活动也受到限制，而且是有成本的，所以投资者必须在套利的成本和收益之间进行权衡。只有在投资的预期收益高于融券成本的前提下，投资者才会考虑卖空活动。

当然，还有一种可能，就是投资者虽然清醒地认识到企业的总资产值低于净资产值，看似短期有利可图，但是由于企业在今后不能产生正的现金流（企业盈利不足以涵盖运行成本），那么企业的总资产值在今后不会上升，而是会下降。企业可以创造价值，同样也可以摧毁价值。如果真是这样，那么今天看似便宜的价值投资，可能在几年内就会变成错买的"白象"。归根结底，股票市场考虑更多的是未来，而不是眼下。

综上所述，尽管有海外成功经验和证监会的大力号召，无论是上市企业，还是市场投资者，都会有各自理性的考虑，而选择不进行回购或不追捧计划回购的公司股票。与此同时，市场短期的欠理性是资本市场的通病，而非特例。因此，不应该用某项政策短期对市场走势的影响评判政策的逻辑和影响。

2008年金融危机前，格林斯潘被认为是全球股票牛市的推动者。全球金融危机过后，很多人认为他是美国房地产泡沫乃至全球金融危机的制造者。很多对市场长期发展大有裨益的政策，可能会因为各种原因在短期内不受市场认可。就像凯恩斯承认的"长期（目标）对短期政策会有误导影响，因为在长期以后，我们都不在了"。但是，难道这就意味着我们不再应该为长期的成功而尝试吗？

新股新规，恐难治本

为了遏制中国A股市场新股上市过程中的"三高"问题（高发行价格、高市盈率、高超募资金），证监会在2012年曾针对限制炒作新股做出了尝试性的规定，要求新股上市当天涨幅不得超过一定幅度。从一定程度上，这和过去几年房地产调控中对新房供给和新房定价的规定有异曲同工之妙，都希望通过对于价格的管制，来打击投资者的预期和调整投资者的行为。政策颁布之初，两只新股在上市当日触及涨幅限制后，被暂时停盘，新政的短期效果相当明显。然而，好景不长，在随后的几个交易日中，这两只新股特立独行地走出一轮持续上涨的行情，似乎要把上市首日受涨停限制没能充分发挥的行情报复性地走完。

显而易见，证监会希望利用新政来限制上市首日的炒作，进而打击炒新的游资，以达到弥合一级与二级市场之间估值鸿沟的目的。但是，此做法似乎缺乏战略性的全盘考虑。第一，游资正是看中了新股发行制度上的缺陷，才疯狂炒作新股。因此，只要新股发行制度中的缺陷得不到解决，炒新的资金就不会退场。第二，压抑首日价格飙升，势必造成随后几天的价格上涨，因此新政充其量可以缓解目前的问题，难以根除。第三，从普通投资者的角度来看，上市首日大涨和随后几日补涨相比，前者未必是坏事。首日大涨，可能会让一部分投资者意识到价格太高，对风险有所担忧，而温水煮青蛙式的缓涨可能会让投资者丧失警惕性。

新股上市首日获得超出市场平均水平的收益，并非中国 A 股市场的个案，而是反映了上市发行过程中深层的信息不对称问题，全球皆然。散户蒙受损失，或不能跑赢大盘，也并非中国 A 股的特例。根据笔者对美国和中国台湾证券市场的研究，即使在不实行发审制的海外市场，大半以上的散户亏损，大多数散户的业绩跑输大盘，也是普遍现象。这种现象并不直接是发审制的后果，而很大程度上可归因于散户在投资过程中难以克服的诸多行为偏差，例如追涨杀跌或听信传言。

投资者必须在市场中成长，经受损失，这是成长必须经历的一步。真正的威胁在于投资者盲目地认为自己受到了保护，但是本应该给他们提供保护的监管者却没有相应的能力履行承诺。发审过程重要的问题在于提供给投资者一层并不真正存在的"安全垫"。为什么众多的中国企业远赴美国纳斯达克上市，一个重要的原因在于纳斯达克对盈利记录和商业模式没有明文规定。市场认可的，美国监管层和交易所也认可。上市只是手段，估值还看市场。既然创业板是为了鼓励创业和创新，为什么还要对过往盈利和盈利增长速度提出硬性要求？如果说创业板发审制是以保护投资者为目标，何以投资者在创业板上受的伤比主板更多更深，一级与二级市场之间的割裂（反映在新股上市后的平均业绩和股价下滑）达到史无前例的程度？

中国的投资者，无论在股市还是在楼市，往往面临类似的悖论：一方面，投资者尚未具备审慎明智的投资能力；另一方面，投资者对政府的"托市"和保护抱有无尽的信心和憧憬。这有点像互联网泡沫期间的格林斯潘看空期权：投资者相信央行永远会站在股市一方，利用货币政策调整来推动股市。这造就了美股在20世纪90年代的大牛市，也同时为21世纪第一个10年的全球金融危机和股市萧条播下了种子。政府呵护市场的动机再善良，用心再良苦，在金融市场中都不过是众多信息中的一个，用多了自然就不灵了。

什么是好公司，什么是坏公司，市场会给出最公正也最准确的判断。任何行政审批和计划手段都不能，也不可能和市场一样有效。很久以前（20世纪20～40年代），在围绕奥斯卡·兰格关于整个国民经济计划的理论争论中，就已将这一规律讲得很透彻了。在各国的经济实践中，计划经济的局限性也明显暴露出来。国民经济尚且如此，市场性最强的资本市场，更应减少行政干预色彩。

高送转新规

2018年11月23日，上交所和深交所相继发布《上海证券交易所上市公司高送转信息披露指引》《深圳证券交易所上市公司信息披露指引第1号——高比例送转股份》，明确规定上市公司在亏损、净利润大幅下滑等三种情形下，上市公司不得高送转。具体而言，上交所和深交所分别明确了高送转的认定条件，共同条件是"公司送红股或以盈余公积金、资本公积金转增股份"，但上交所提出的是"每10股送转5股以上"，深交所则是"每10股分别达到或者超过5股、8股、10股"。

究其本源，高送转其实只是一种"股本扩大、股份拆细"的账面处理，属于股东权益的内部调整，与公司生产经营和赢利能力无直接关联，对投资者持股比例没有实质影响，更无法提升上市公司价值。但是，由于在广大散户心中存在强烈的关于股价在高送转后（除权价）还会涨回送转前的价格（含权价）的填权行情的错误预期，因此高送转在国际和国内市场都经常成为上市公司引导投资者预期，人为操控股价的一个重要手段。研究表明，A股市场的很多高送转行为，不但不能单纯以扩大股本、增强流动性来解释，而且有可能导致公司触及股价低于一元面值的退市指标，增大退市风险。

企业分红和送转行为本来是普通而且正常的公司金融行为，但长期以来，不少A股上市公司实施的送转股比例远远超过公司业绩增幅和股本扩张的实际需求，它们利用极端送转行为吸引投资者的关注，甚至以高送转为幌子，掩护信息合谋操纵、内幕交易、对冲限售股解禁压力等违规行为。从既往表现来看，推出高送转公司的股价虽然在短期内有所上升，但基本呈现过山车走势，快涨慢跌，涨少跌多，中小投资者极易被"割韭菜"。正因为如此，上市公司高送转的趋势愈演愈烈，甚至出现了有的公司推出每10股送转30股的超高比例送转方案。

值得指出的是，这种与自身经营发展明显不相匹配的高送转，不仅会在短期引发市场跟风炒作，也会在中长期导致公司股本过度扩张、每股收益过度摊薄，在股本管理方面透支后续发展空间。

上交所和深交所正是在关注到这种严重背离公司经营业绩的高送转行为，虽然满足了市场中一小部分人的利益，但很可能损害了大多数投资者，特别是中小投资者的利益之后，特别向广大股民指出，高送转属于权益的内部调整，无法直接反映和提升公司业绩，更无法直接提升上市公司的价值。上交所和深交所要求上市公司披露高送转方案，规定其最近两年同期净利润应当持续增长，且每股送转比例不得高于上市公司最近两年同期净利润的复合增长率，严禁上市公司给广大股民开没有业绩增长支撑的空头支票。

12

数字游戏

如果官员相对短期的目标函数和政府或者企业长期的目标函数不匹配，就可能导致地方政府为了追逐短期国内生产总值增长而过度借债，忽视环境保护或者民生问题。
这些问题源于政府的长期目标没有得到短视的官员的支持和贯彻。

在谈到政府决策时，人们往往会忽略政府和政府官员的目标函数的区别。如果我们把政府想象成为一个投资者、一家企业，政府便会有自己的投资目标。企业的目标是给股东带来最高的回报，政府的目标就是帮助国家和地区发展经济，促进社会进步和提供优质廉价的公共品。与此同时，我们必须清醒地意识到，具体负责政府运行的政府官员，其实和具体负责整个企业运转的公司高管一样，有自己的目标函数。如同股东委托公司高管管理企业一样，选民或者人民也是以委托官员管理的方式来实现自己的目标。从经济学上讲，这个过程存在一个的委托和代理关系。委托人，就是公司的股东或者人民群众；代理人，就是公司的高管或者政府官员。委托人委托公司高管或者政府官员帮助他们运转企业或政府。在这个过程中，由于最终的投资人（比如说股东）和最终管理人（公司高管）之间的目标不完全一致，我们会观察到高管的许多行为是出于自身利益的考量。高管有的时候会把自己的利益放在他所代表的股东利益之前。我们之前在第 7 章就讲述了大量这样的案例。

政府的运转和公司的经营也有类似之处。政府的目标确实是促进整个经济长期发展，同时提升整个居民的生活水平。政府官员的目标和政府的目标大体一致，但是又有一些区别。从某个角度来讲，政府是一个机构，所以很难说它要付出更多的努力或者劳动。但是政府官员是有血有肉的人，会考虑投入和产出之间的平衡。例如，一天上班是工作8个小时，还是十几个小时，这对官员本人其实也是一个选择。官员可以选择投入很多的精力和努力去工作，也可以采取相对比较轻松的方式去工作。政府官员用多大的努力工作，反映出他们和政府在目标函数上的不一致。

还有一点值得注意，无论是一个政府，还是一个国家，普遍意义来说，它都会长期存在。与此同时，每一个政府官员在某一个具体的岗位上、某一个地区的任期是有限的。这种目标函数期限上的不匹配，也会导致我们前面讲到的公司高管和政府官员在决策过程中目标的变化或者扭曲。如果我只是考虑在自己任期内的事，我的目标函数就是要在这短短的几年内，无论是GDP（国内生产总值）增长还是税收增加，都要立竿见影。政府官员有一个比较短期的目标，跟公司高管在短期内推高公司股价的现象有类似之处。

过了一段时间，官员因为短期工作成绩好而得到了晋升，他就会掌握更多的资源，在官场上更上一层楼。在这个过程中，官员的目标函数就会相应改变。官员相对短期的目标函数和政府或者企业长期的目标函数之间，出现一个不匹配，就会导致地方政府为了追逐短期GDP增长而过度借债，对环境保护不够，或者对民生关注不够。这在一定程度上也是因为政府的长期目标没有得到"短视"的政府官员的支持和很好的贯彻。

除此之外，任何一个政府机关在运行的时候，都必须考虑它有多少资源。这就如同公司高管在进行投资决策的时候，必须考虑他们如何融资或者如何获得资金。在此前提下，因为政府官员必须平衡自己在收入和支出方面的资源，他也要考虑怎么能够在短期获得更多的资金和资源。从这个角度来讲，很多时候官员必须做大量的短期效应很强的活动。如果我们从官员的角度来看，这些产生短期效应的活动其实是非常理性、非常合理的。官员为了能够在短期把自己的政绩或者 GDP 推上去，必须获得更多的资源。为了获得这些资源，他必须扭曲一些价格，或者强行获得一些比较廉价的资本或者资源。从这个角度来讲，由于政府和政府官员的目标函数不完全一致，我们才会看到官员做出一些有利于短期 GDP 增长，但可能不利于经济长期稳定发展的决定。

造成这个现象的一个主要原因就在于我们对政府工作和官员业绩的考核体系。在这个信息爆炸的时代，大家越来越多地把自己的关注点投入类似 GDP 增长率和财政收入增长率这样比较容易衡量的标准上。就像有些经济学家曾说过的，经济学家研究的不是那些重要的问题，而是那些可以测量、可以计算的问题。这确实是经济学和金融学发展过程中的一个重大局限，也逐渐成为影响我们整个政策制定和社会运转的掣肘因素。

在国内，考核官员最重要的一个指标可能就是 GDP 的增长，即当地 GDP 的增长，当然还有税收收入的增长。这两个指标关联度很大，随着经济的发展，税收收入也会增加。这两个重要的数字决定了很多官员的业绩考评和仕途晋升。在这个前提下，我们必须对数据的真实性和可靠性给予特别的关注和采取审慎的态度。

对 GDP 增长的追求和统计数据的影响

中国处在一个经济结构快速转型的时期，中国的官方统计数据有时难以准确地捕捉经济运行的真实情况。一方面，有些统计数字的估算显然偏低。例如近10年来，中国城镇失业率一直稳定在4%左右，好像完全不受经济周期的影响。但按照当前户籍统计，或者按照常住人口方法统计的中国城镇化率，都有可能由于样本和统计方法的原因，低估了中国城镇化的进程。另外，很多研究表明，居民的灰色收入，尤其是高收入阶层的灰色收入，一直没有被纳入收入统计之中，这直接导致居民收入被低估。同时被低估的，可能还包括跟踪收入分配的基尼系数和跟踪国内房地产价格的国内新房与二手房房价指数（本章后面会着重讨论）。这些数据的低估，意味着对于中国当前发展阶段、经济运行趋势、消费与投资的关系，以及房地产泡沫程度等问题都需要重新审视，也需要进一步分析和研究。

另一方面，更严重的统计数据失真的问题可能出现在数据的过高估计上。在过去20年的中国经济发展过程中，时常出现地方 GDP 和 GDP 增长数据与中央 GDP 和 GDP 增长数据"打架"的情况。而几乎每一次中央和地方数据不一致的时候，都是地方数据大大超过中央政府的统计。这背后的一个主要原因，就是地方政府有强烈的调高 GDP 和 GDP 增长数据的动机。

与此同时，地方数据自身有时也会出现明显的不一致。一个典型的例子是 GDP 增长与发电量数据"打架"。由于中国目前的经济增长结构对能源和电力的消耗仍然很高，所以经济增长（GDP 增长）和发电量增长一直以来有一个非常强的正向相关的关系。但是在历史上，曾经不止一次地出现了地方GDP增长和地方发电量增长两个指标明显背离的情况。而这种情况往往是发生在经济出现下滑和政府力图"保增长"的时候。这种时间上的巧合，不能不让人担心地方GDP增长数据里的水分。

比如，2013年前几个月的中国贸易数据受到国内外多方人士的质疑。一直以来，内地对香港出口与香港从内地进口两个数据有相当高的关联度，但当期内地对香港出口同比增速为35.5%，而香港从内地进口却为–18.0%。更有趣的是，虽然内地对香港的出口增长率大幅提高，而同期内地对其他主要亚洲贸易伙伴（韩国、中国台湾）的出口量却大幅下降。要不是内地对香港出口的大幅增长，中国的外贸出口数据大概也会在当期出现一个明显的回调。这种"巧合"的贡献，不得不让人们又一次对官方统计数据的客观性和准确性产生了一丝忧虑。

虽然《统计法》赋予了统计数据独立性，但是由于地方官员对政绩的诉求，使得统计数据，特别是基层统计数据的客观性和准确性受到很大干扰。除此之外，一些技术上的因素，例如时间序列数据的可比性、重要宏观数据的季节性调整、重要节假日和极端值的剔除和调整等，也都会影响数据的客观性和准确性。投资者必须以一种更系统、更科学的方法来对待统计数据。官方数据经常遭到质疑，究其原因，主要是官方数据的来源、收集方法、覆盖面、流程等重要细节不为公众所知。如果政府能在上述方面主动增加透明度，公开更多的统计细节，促进数据的透明化，并且鼓励民间组织与个人加入统计研究，那么官方数据的公信力就会大大增强。

使用错误的统计数据进行经济决策，有可能会失之毫厘，谬以千里。

而如果数据是因为利益的驱使而出现明显的误差和偏向，那么错误的数据只会误导决策层做出错误的决定。自2008年以来一直困扰全球经济的欧洲主权债务危机爆发的最初原因，其实无外乎希腊财政部在国际投行的帮助下，创造性地改编了希腊主权债务和财政赤字的数据。而欧盟统计局因为没有经验，也一直没能发现其中的玄机，故而也对希腊危机的大规模爆发负有失察的责任。2005—2007年美国房地产危机的爆发，一定程度上也是因为美国房地产协会拒绝使用能够更好跟踪房地产市场走势的房地产指数，故而没能发现美国全国房价大幅度上涨的趋势。国际经验和教训一次又一次地告诉我们，数据的质量，无论对于学术界、实务界，还是决策层，都是制定政策过程中最为重要的基础。因此，保证统计数据的准确性，尤其是保证统计数据不受政府官员的系统性影响，对于中国经济下一步稳定、可持续的发展和经济政策的制定，都会起到重大的作用。

为了追求GDP而忽视数据的案例

2013年1月18日，国家统计局一下子公布了2003年以来近10年的官方基尼系数。数据显示，这10年每年基尼系数都在0.4以上，2008年的基尼系数最高，达到0.491，此后逐年缓慢回落，2012年基尼系数降至0.474。社会对这一数据的公布给予了各种截然不同的反响。支持者认为国家统计局终于又开始公布一项重要经济数据的官方统计了。质疑者认为，该数据与西南财经大学中国家庭金融调查与研究中心在2012年底发布的基尼系数形成鲜明反差。根据该中心发布的数据显示，2010年中国家庭的基尼系数为 0.61。

基尼系数是 20 世纪初意大利经济学家基尼根据洛伦茨曲线提出的衡量收入分配差异程度的一个指标，其数值在 0 到 1 之间。越接近 0，就表明收入分配越趋向平均；反之，收入分配越趋向不平均。国际上，0.4 被称为警戒线。超过这一数值，说明居民收入差距较大；而超过 0.6，就说明收入分配悬殊。在主要发达国家中，只有美国的基尼系数在 0.4 以上，福利国家的基尼系数则一般小于 0.3。根据学术论文显示，1978 年中国的基尼系数是 0.317，到 1984 年，全国居民基尼系数降低到 0.24，是改革开放以来的最低水平。

对两组不同渠道的数据，社会上存在广泛的争论。国家统计局官员表示，由于难以获得高收入阶层居民的真实收入信息，国家统计局的基尼系数数据确实偏低。但在 2012 年，即使是这样偏低的基尼系数（0.474）也已经超过国际警戒线，值得政策制定部门对中国的收入分配问题进行更加深入的思考。与此同时，国家统计局公布的数据显示，基尼系数在 2008 年以后略有下降。这一点，与许多接受媒体调查的居民感受大相径庭。许多家庭感到，在 2007—2008 年全球金融危机后，政府推出大规模经济刺激政策，中国社会的收入差距明显增大了。这也更进一步加深了人们对国家统计局发布的过于保守的基尼系数的质疑。

针对这一点，国家统计局时任局长马建堂也表示，国家统计局在获取高收入阶层收入情况时面临难题，因为很多高收入者都会低报收入，且会隐藏灰色收入。与此同时，正是为了调整这种调查之中的样本偏差，西南财经大学在调查中采取了补救措施，在抽样设计中就通过多抽取富裕地区和富裕家庭的方式来纠正高收入者低报收入的现象。所以，两组数据在方法论和样本上的偏差，导致了它们的差异。

无论孰是孰非，社会上一致呼吁国家统计局应该公布基尼系数的估算过程和原始调查数据。同时，我们也必须看到，无论采用哪种统计方法和调查方法，都不能改变一个基本的事实，即中国目前的收入分配不均现象比较严重，某些高收入群体拥有大量来自隐秘途径的灰色收入，这正是导致目前数据偏差和估计不准确的主要原因。正如哈佛大学一位著名经济学家在访问中国时问的那样："中国已经变成如此强大的一个国际大国，怎么还能够容忍这么多不准确的重要经济数据呢？"

除了基尼系数，国内许多社会、经济生活方面的数据也多令人质疑。2012年底到2013年初北京上演的"十面霾伏"，又一次把环境问题的严重性推到了风口浪尖。一时间，国外媒体再一次对中国的环境问题进行了集中报道，并对中国经济的增长模式和可持续性提出了更多的讨论。再观国内，从国务院到地方政府，从媒体到民众，也都对环境问题发出了"忍无可忍"的声音。

过去几年，许多老百姓开始自发组织进行空气质量监测，其结果是空气净化器的热销、脱销。为了能喘上放心气，喝上放心水，吃上放心菜，越来越多的大城市居民选择迁居到城镇郊区生活。

反观环保部门的统计数据，却显示过去10年全国大中城市的空气质量持续改善，越来越多的城市环境质量达标，甚至达到良好水平。

老百姓的切身感受和官方统计数字为什么会有差异？一个主要原因是统计口径。2013年以前，我国在空气质量指标上发布的是PM10颗粒（可吸入颗粒物），而许多发达国家发布的是 PM2.5 颗粒（可吸入肺颗粒物）。目前，体积较大的 PM10 颗粒物虽然在减少，这个趋势固然可喜，但体积小的颗粒物对人体的危害也不容忽视。而此前我国的统计口径并没有反映出居民对环境变化的切身感受。2013 年之后，随着我国开始统计 PM2.5，这一矛盾得以解决。

统计数据和居民感受的背离，引发笔者想到另一个类似的话题——全国的房价。

国内广泛使用的房地产指数是中国指数研究院编制的中国百城价格指数。根据中国指数研究院的网站，中国百城价格指数的房价样本范围包括各城市所有在售的商品房项目（新房）。

这一曾在成熟国家被广泛采纳的编制方法，在过去一段时间受到国外学界的广泛质疑。在国内高速变革的经济环境和城市化快速推动中，国内房地产指数编制中的样本选择偏差，尤其值得关注。

以北京市的房价为例。北京的城市规划采用从城中心到郊县的"环"式规划，从 20 世纪 80 年代的二环路，到现在已经修到了近郊区县的六环路。伴随着城市规模的不断扩大，新开工的房地产项目的选址也越来越远。在 21 世纪之初还算偏远的亚运村、望京、亦庄等地，现在已经成为备受瞩目的核心地区。10 多年前，在三环内有很多新开工项目，如今这样的项目变得凤毛麟角。如果只是简单采用新竣工项目的均价来编制房地产指数，就会不可避免地忽略一个重要事实，即目前新竣工项目的地理性质已经大大不同于 10 年前竣工项目的地理性质了。由于新竣工项目越来越远，而级差地租又导致了核心地区的房价永远会（远远）高于周边地区。上述统计样本上的偏差会直接导致目前的房地产价格指数被低估，甚至大大低估了房价在过去10多年的涨幅。

用虚拟数据举个简单的例子。2000年，北京三环内新房房价平均为5000元/m²，三环至五环之间平均为3000元/m²，五环之外房价平均为1000元/m²。到2012年，三环内新房房价为20000～50000元/m²，三环到五环之间平均为30000元/m²，五环之外的房价平均为10000元/m²。

假设新房分布的地域不变，三环之内占50%，三环到五环之间占40%，五环之外占10%，那么2000年北京的平均房价是3800元/m²（5000×0.5+3000×0.4+1000×0.1），2012年北京的平均房价是38000元/m²（50000×0.5+30000×0.4+10000×0.1）。12年间，房价上涨900%。

然而现实是，到2012年，新房的地域分布发生了重大变化。2012年五环外的新房占据了新房总量的50%，三环到五环之间占据了40%，三环之内只占10%。按照这种地域分布，根据国内房地产指数的计算方法，2012年北京的平均房价就是22000元/m²（50000×0.1+30000×0.4+10000×0.5），按照这种方法，12年间，房价仅上涨340%，还不到前一种方法的一半。

由此可见，国内房地产指数因为忽略了样本在时间序列上的重大变化，统计出来的中国百城房地产指数严重地低估了房地产市场价格的上涨幅度。

值得指出的是，即使是国内的二手房指数也面临类似的问题。同样根据中国指数研究院的网站，二手房指数的样本选取，是基于"当地主要城区成交较为活跃的代表性楼盘"。随着新开工项目和城市人口居住地越来越向周边推进的趋势，二手房指数的样本选取偏差也越来越大，数据的准确性也越来越差，由此引发的政策误导性越来越强。

这种测量方法上的偏差，从方法论上讲是缺乏科学性的，从政策意义上讲会带来很大的误导性。这也可以解释为什么城镇居民对房价高企的怨声，远远超过了官方统计数据可以解释的范围；为什么中国的房地产统计指数的背离大大超过发达国家甚至主要发展中国家，并且还看不到调整的迹象和动力。

过去两年在房地产调控过程中，不乏地方政府限制某些高价楼盘销售的举措，以保证房地产价格指数不会上升。且不论这种做法背后的政治、经济考虑，单是这种做法本身，就暴露了以新房销售价格和规模编制房地产指数的方法在中国目前特定的经济发展阶段与房地产调控政策下的局限性。

综观国际房地产经济的研究，越来越多的学者认同采用同等房屋重复销售的方法，也就是通过记录和统计二手房价格连续变化的方式，能更准确地反映房地产市场的变动。笔者在耶鲁大学的导师罗伯特·席勒教授根据房地产市场二手房重复销售的方法跟踪美国房地产市场所编制的凯斯·席勒房地产指数，更是在2007—2008年美国房地产危机后，成为发达经济体里得到最广泛应用的房地产指数。

PM2.5和房地产指数，看似风马牛不相及，其实涉及的都是一个统计方法问题。从某种意义上说，政策的制定和实施是一门测量科学。统计标的和方法的确定，直接决定了统计结果和经济政策的选择。错误的统计选择，往往会导致错误的数据解读和政策判断。

统计方法上的偏差，倘若只是科学方法上的偏颇，倒还容易纠正。更让人担心的是，统计方法在选择和数据获取过程中存在系统性利益驱动。

在 2007—2008 年全球金融危机前的信用评级机构，提供的就是这种带有蓄意偏差的数据。通过对大量和房地产有关的债券提供过于正面的信用评级，信用评级机构在短期内蒙蔽了大量投资者并获得了高额收入。但它们在金融危机时期不得不直面真相，结果不但摧毁了自己在过去几十年间累积的声誉，而且几乎摧毁全球经济和金融体系。

因为不相信信用机构的评级而大规模沽空和房地产相关的 CDO 和 CDS，创下对冲基金史上的天量收益而闻名的约翰·保尔森在事后曾谦虚地反思："我不过是那个有勇气喊出'国王什么衣服也没穿'的小孩。"

诚实，很多时候，比智慧更有价值。

信息错误导致金融危机

包括标准普尔、穆迪和惠誉在内的全球三大信用评价机构，一直是全球债券市场里的重要裁判。美国著名作家托马斯·弗里德曼曾把信用评级机构比作超级大国。"美国可以用炸弹摧毁一个国家，而信用评级机构可以通过调低一个国家的信用等级摧毁一个国家，我不知道哪一个超级大国更让人恐惧。"弗里德曼指的是一旦一家公司或者一个国家的信用评价遭到下调，那么许多投资者就会对该公司或该国偿还债务的能力产生怀疑和担忧。这种怀疑和担忧又会使公司或国家今后的融资难度大大增加、融资成本大幅提升，导致公司运营效率的降低和国家经济发展速度的减缓。

2011年，全球金融市场迎来了美国信用评级机构标准普尔有史以来第一次调低美国国债的信用等级，引发全球股市大跌和全球金融体系的又一次大幅震荡。短短几周之后，另一个重要信用评级机构穆迪下调了日本国债的信用等级，又着实让全球的投资者都为美国和日本，甚至全球范围内的主权债务捏了一把汗。

然而这一貌似严密的推理逻辑却并没有在最近的国债市场上得到证实。日本股市在国家信用评级下调后只蒙受了1%左右的跌幅，而日本国债的收益率更是神奇般的几乎毫发无伤。那么是理论失误了，还是市场失灵了呢？这些信用评价的裁判员或者"超级大国"为什么突然失去其往日的影响力了呢？

各国政府在2008年全球金融危机过后争相大规模增发货币刺激经济，直接后果就是全球流动性泛滥，资本横流。但凡有想象和炒作空间的资产，从全球股市到中南美洲的咖啡，从全国亢奋的房价到疯狂的云南黄龙玉，投机资本已经把可能吹大的泡泡都纷纷吹大了，到头来反而是相对安全的债券资产被低估了，于是乎无论评级如何，国际资本都仍然选择在相对安全的大国主权债里扎堆取暖。美国和日本两国，虽然国家财政和偿债能力的确堪忧，但政治、经济和外汇的基本架构仍然稳定。反观和日、美两国一直并驾齐驱的欧元区，却不得不在处理内部经济增长乏力的同时，必须处理欧元区内大国与小国、富国与穷国、财政稳健与财政进取国家之间的矛盾和平衡。这导致欧元区债务的吸引力下降，在一定程度上抵消了美、日两国国债的问题和风险。

信用评级机构在经历2007—2008年的全球次贷危机后，在投资者心目中的公信力已经大大降低。由于信用评级机构在金融危机中给大量的有毒资产以最安全的信用评级，导致投资者购买了大量最终让他们血本无归甚至破产的资产。所以，当信用评级机构这次调整美国信用评级的时候，投资者对这次非常严苛的评级也不是特别在意。因为"狼来了"喊得多了，等狼真的来了的时候，人们已经麻木。

但更加值得一提的是，在标准普尔公司试图通过下调美国的信用评价，重塑自己客观公正的形象时，越来越多的投资者、主权国家和上市公司开始质疑信用评级机构公正、公平的独立地位和对风险估算的专业能力。先是美国财政部指出标准普尔在估算美国财政状况时犯了简单的算术错误，以致夸大了美国政府的"财政悬崖"的负面冲击。接着就是美国证券交易委员会调查了标准普尔公司是否在进行评级下调时泄露了某些关键信息，这进而引发了标普公司的总裁辞职事件。这一切都引发人们猜测标准普尔公司是否在利用这次评级下调进行危机公关，试图挽救其在全球金融危机中给大量有毒资产提供优质信用评价所造成的名誉损失。

金融市场是信息的市场，也是信心的市场。就像投资银行家、证券分析师、基金经理一样，信用评级机构正是因为为市场提供这两种非常有价值的服务而获得丰厚的报酬。然而，正是在丰厚的报酬面前，一个又一个金融机构倒了下去。从20世纪80年代的"垃圾债券之王"米尔肯到90年代的安然，从互联网泡沫中的证券分析师到创业板的上市推荐人，金融机构的公信力一次又一次地受到市场的质疑。随着金融创新的不断深入和全球一体化的进一步加深，摆在金融机构面前的是前所未有的机会和与之俱来的挑战。长久以来培养的信任，可以提供很多技术层面所不能提供的信心和信息。

美国的投资银行、商业银行、基金公司在过去的20年里做出了种种恶劣的行为：因为发布不切实际的研究报告而误导投资者；进行掠夺性房贷，向不具备开办信用卡或者发放房屋贷款的家庭恶意提供信贷，并且强制收取高额费用；利用基金定价中的不透明性牺牲散户利益，达到向基金和更重要的机构投资者输送利益的目的。这些行为逐步使它们丧失了在投资者心目中的地位。信用评价机构中的一些百年老店，声誉一旦受到质疑，就可能需要下一个百年来修复，标准普尔应以此为鉴。然而，标准普尔的经历又何尝不是给那些如雨后春笋般成立的信用评级机构上了及时的一课呢？归根结底，信用评级机构自身的信用才是最有价值的。

政府的公信力：政府隐性担保

说到政府的公信力，2011年的国内信用评级机构也遭遇了成立不久以来面临的最严重的一系列质疑。某些国内信用评级机构在全国铁路系统的负债率高达60%的背景下，仍然给出了铁路系统最安全的信用评价。舆论一时哗然。这么高的资产负债率，继续扩大的基础建设投资的无底洞，高铁不尽如人意的上座率和收入状况，照理应该会让投资者担心和忧虑，为什么反而让国内的信用评级机构给出截然相反的评估呢？一时间，很多投资者对国内信用评级机构自身可能面对的利益冲突提出了质疑，更有一些国际观察家把中国建立自己的信用评级机构的活动政治化，认为中国的信用评级机构更多地充当了中国政府和中国国有企业的宣传与认证工具。

其实，无论是中国的铁路系统，还是中国地方政府的融资平台，甚至国有企业，背后的信用都是中国政府的信用。从这个意义上讲，这种评级既有合理性，又凸显了中国政府和企业信用主体不明确、信用关系不清晰的局限性。

再以国内的房价为例，过去10年中国的楼市经历了屡调屡涨、越调越涨的趋势。随着2011年国内房市限购令等一系列调控措施的出台，许多城市的房价出现了一定程度的滞涨，甚至小幅度的回调。在一部分居民和投资者对楼市终于可能出现转机而长舒一口气的同时，另一些在前期高位入市的买家，不可避免地开始蒙受一定的损失。于是要求"维权""补差价"的业主和开发商之间形成了拉锯战。早期买入房产的消费者或者投资者因为在高价买入，蒙受了损失，而在开发商售楼处或者办公地点抗议和示威，一时成为新闻关注的焦点。

如果把楼市和股市做一个稍显牵强的类比，这背后的逻辑有一点儿像2007年的中国A股市场。当年股市上证综指从1000点左右一路高歌猛进，直上六七千点。虽然也有有识之士不时指出市场存在泡沫和风险，但投资者并未集会请愿，要求监管层出手压制市场，缓解风险。就在短短的一年之后，股指一路狂跌至1600点，各种关于"护市""救市""刺激"的言论主张不绝于耳。其中呼声最高的，恐怕不少是在高位累计重仓的投资者。而救市与否，也就不再是简单的市场维稳，而是带上了一点儿保护投资者的色彩。

应该指出的是，这一做法并非我国A股市场所独有。随着2009年全球刺激政策和美国一系列的量化宽松措施推出之后，全球股市出现一波大规模的牛市。而2011年受美国国债评级下调、欧洲主权债务危机和日本地震影响，投资者信心受到严重挫伤，很多国家的股市出现大规模下跌。一时间有人重谈全球金融危机，欧洲、亚洲的几个市场又如2008年一样禁止卖空，防止股市进一步下跌。

禁止卖空原则上就是禁止对市场持有负面观点的人入场，不允许那些先在高位卖出股票，再以低价买回股票的套利操作。关于卖空交易的合理性问题，我们会在稍后再做专门的讨论。但是笔者通过研究发现，各国政府和监管层在历经了1987年美国股灾、1992年存贷款机构危机、1997—1998年东南亚金融危机和2000年互联网泡沫之后，都有各自禁止卖空的措施。但这些措施往往只在短期内遏制了股市大跌，从中长期来看不但未能维稳，反倒有时在卖空禁令解除后，引发了股市暴跌。

禁止卖空究竟和楼市补差价有什么关系呢？无论股市，还是楼市，金融市场归根结底是风险的市场。投资者为了享受某种收益（例如，存款利息、股票分红、房价上升和房租收入），必然承担某些风险（例如，银行倒闭、股市大跌和楼市调整）。一旦投资者对投资风险估计出现改变，资产价格也会随之改变。

在经历了20世纪90年代的10年房地产大牛市后，许多中国家庭和投资者都把房地产视为最安全的投资品。国家政策扶植，地方政府利益驱动，货币供应大幅增加，通货膨胀高企不下，开发商囤积居奇，都成为房市只涨不跌的强有力证据。即便投资上出了点小纰漏，出价过高买房后，都不需等到市场反弹，而是通过和开发商进行交涉就有可能避免短期因房价下调带来的损失。由此看来，房市果然是和银行存款一样安全的投资。

但银行存款利率只有3%~4%，房市涨幅有时每年可达30%~40%，为什么面对同样的风险却有如此不同的回报呢？关键在于预期。如果市场上的投资者都因为补差价而越发相信房地产是绝对安全的投资，那么房地产必将吸引更多的投资，而新近的投资势必进一步推高房价。而投资者越是觉得政府在对房地产提供隐性担保，就越会进一步把更多的资金和资源投进房地产领域，而开发商看到了投资者这样"有恃无恐"的刚需之后，也更是一路高歌猛进地在房地产市场追加投资，创造一个又一个"地王"。一时之间，一系列动作强化了房地产投资稳赚不赔，房地产只涨不跌的神话。

20世纪80年代的日本、90年代的中国香港，新千年的美英、希腊、西班牙，都经历了类似的房地产大牛市，也都不幸地惨淡收场。事后，监管者、投资者都反省说，房市没有卖空机制，负面看法无法表达，以致泡沫往往持续时间过长，导致长时间的下跌和调整。如果只是缺少卖空机制就能够让房地产成为最容易被制造泡沫的领域，那么政府提供的隐性信用担保，则更可能进一步催生更大和更长时间的泡沫。套用一句江湖老话："出来混，迟早是要还的。"个人对投资风险的误判，必然会导致宏观经济风险的累积。

公平与效率

必须指出，除了刺激经济增长之外，政府还担负着发展社会和平衡社会各阶层利益的责任。政府在短期内对于经济增长的过度关注，或者对社会某些阶层的过分偏向，有可能最终导致社会不稳定，即便经济有所增长，也不能很好地为社会各个阶层所分享。

2012年在许多西方发达国家爆发的"占领华尔街"运动，从一句口号到一场波及全球的运动，速度之快和传播之广都大大超出了许多观察家的预计。短短一个月的时间，"占领华尔街"运动从纽约市曼哈顿区一个小小街区迅速传播到世界几十个国家和地区。

从活动开始之初，组织者似乎一直没能很好地回答一个重要的问题，那就是这次活动的矛头到底指向谁，要达成什么样的目标。

虽然活动地点始于华尔街，但笔者认为，"占领华尔街"运动的组织者可能并非直接攻击、谴责在华尔街工作的员工。诚如美国一位参议员所说，美国是一个自由的国家，美国有能力的人都应该通过自己的能力过上体面的生活。金融行业的薪酬比其他行业高，自然吸引那些有能力进入金融行业的人更加努力地跻身这一领域。与金融行业类似的医生、律师等行业的收入也颇为可观，但并未受到公众如此的关注，究其原因可能有以下5个。

第一，示威者是对美国政府对金融机构的救助不满。美国政府用纳税人的收入救助金融机构，而"肥猫"们在接受救助后非但毫发无伤、风光依旧，更是积极参与新一轮的投机交易，并有可能引发新的金融危机。非但如此，美国的大量金融机构以维护自身安全为主要出发点，将美联储救助金融危机时投放的大量流动性以现金形式持有，消极创造信用，这不利于美国经济复苏。因此，一部分示威者反对的是美国政府对金融机构的救助。

第二，示威者反对的是美国政府不能正确有效地使用其财政资源。一方面，美联储和财政部在一系列刺激与量化宽松措施后，信用状况恶化。作为美国国债的最终持有人，美国公众当然不希望看到美国政府大规模举债，并可能有朝一日真的破产，这会导致自己血本无归。另一方面，纳税人辛勤工作缴纳的税金，却被政府用于帮助本已富得流油的金融高管，难怪示威者如此不满。

第三，示威者对美国过去几十年金钱和政治日益紧密的关系不满。从政治献金的不断增加，到越来越多的富商自掏腰包直接参选，金钱在美国政治里扮演的角色越来越重要。与此同时，以金融行业为代表的产业资本，越来越多地利用利益集团和政治游说者对现有政府与政策施加越来越大的影响，这进一步稳固了资本对政治的影响。普通民众感到政府、政策、经济发展的实惠离自己越来越远，因此也希望通过这次运动来改变美国国家和历史的走向。

第四，示威者对监管层不满。世界各国的监管层对上一轮金融危机都负有一定的责任。监管者对信息披露的要求不够高，对高风险金融衍生产品的监管不够严，对金融机构救助的尺度把握不够一致，对广大投资者保护不到位，对普通大众在房地产泡沫破裂和金融危机爆发后的生活质量下降缺乏基本的保护与扶持，都是"占领华尔街"运动背后的驱使因素。

第五，虽然示威者号称要占领的是华尔街，但矛头真正指向的是美国以及全球日益增强的贪婪的商业文化。不只华尔街上的投资银行、商业银行、保险公司、基金公司等金融机构的高管，美国其他各种大型公司的高管的薪酬在过去30年间也增长4倍多，而美国同期的实际平均收入只有小幅上涨。这种"赢者通吃"的收入分配不均在一定程度上被过去20年的经济扩张掩盖起来。随着金融海啸的爆发，美国经济复苏乏力，公众长久以来的不满情绪终于在这次运动中找到突破口。

综上所述，示威者中大概包含所有有上述想法和动机的人，故很难为"占领华尔街"运动提出一个统一的目标。"占领华尔街"运动名为占领华尔街，真正要占领的，其实是舆论、民心和国会山。大家期待一个好的政治体制、好的政府，希望政府倾听民众的意愿并相应修正其政策。

"占领华尔街"运动到底反对谁？全球的政府和政治家们可能都需要反思。

13
大而不倒

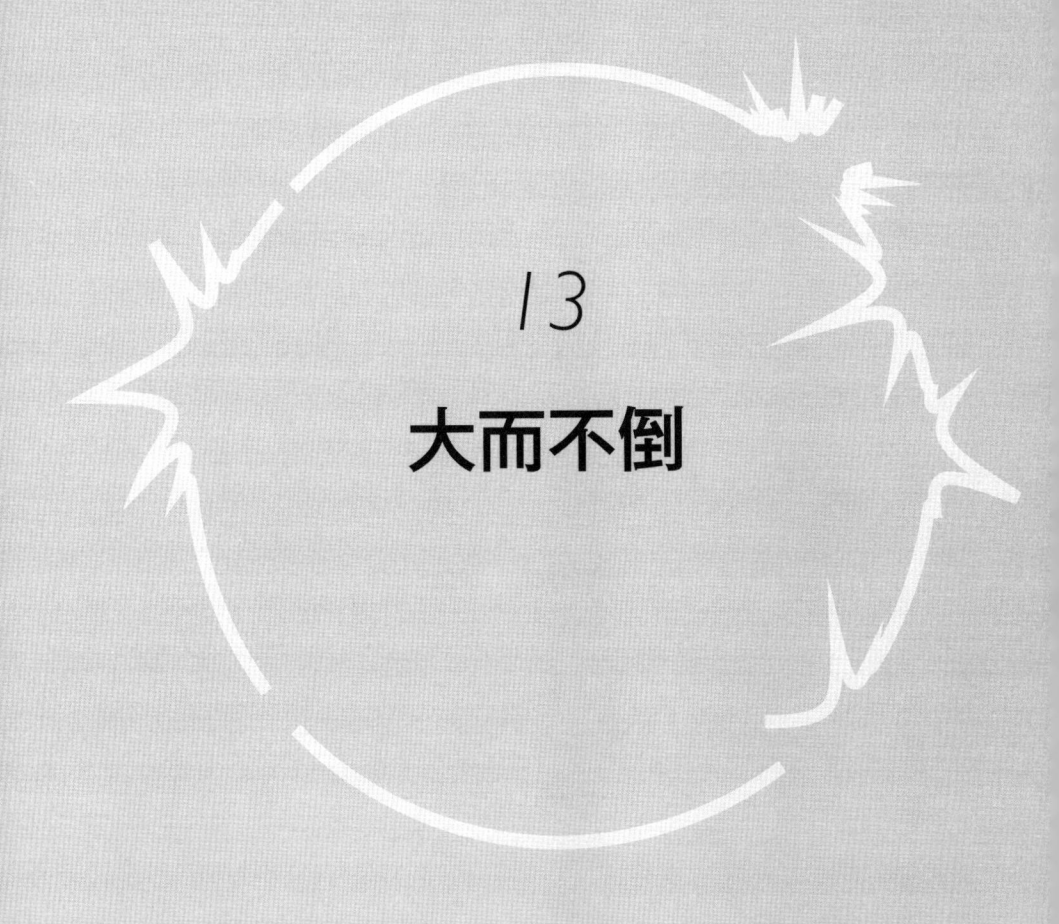

其实，金融机构这种"敢让我倒闭，
我就拖垮整个金融体系"的大而不倒的气概，
才是问题所在。维持经营不善的企业是对社会资源的巨大浪费。
因此，破产并非洪水猛兽，有时，它也可能成为历史的催化剂，
套用乔布斯的一句话来说就是"死亡是生命最伟大的发明"。

民间借贷与影子银行的难题

2011—2012年,中小企业融资难、民间融资混乱和影子银行盛行的鲜明反差成为中国金融体系的一个重大挑战。随着2011年房地产调控的从严执行,不少以温州企业为代表的民营企业资金链断裂,为了逃避债务,民企负责人远走他乡,甚至出国避难。

温州金融危机该不该救、怎么救的问题,瞬间在社会上引起广泛的讨论。所幸这一次应对以温州企业为代表的中小企业融资危机比较及时,无论在防范风险扩散、减小危机影响,还是救助受困企业及员工方面,处理得都比较稳妥。

温州金融危机,让很多人想起了2008年全球金融危机期间欧美政策制定者面临的难题。2008年秋,全球金融危机肆虐,是否救助对美国房地产泡沫推波助澜、大获其利、事后濒临破产的银行和其他金融机构,美国政府和国会也同样进行了广泛且深入的讨论。

一方面,这些银行和金融机构一手制造的美国房地产泡沫,给广大美国居民、消费者带来巨大冲击,并严重扭曲了美国以及全球市场的价格信号，扰乱了全球金融体系。与此同时，许多金融机构高管在此期间变得富可敌国。政府似乎不需要，更不应该救助这些"金融罪犯"。

另一方面，政策制定者真正担心的是，银行之间的依赖关系和社会上其他企业对于银行信贷的依赖。如果一旦放任某家银行破产，那么和这家银行发生业务往来的其他银行将会不可避免地受到严重冲击，也可能面临破产风险。如果银行破产，可能引发的银行挤兑会压垮其他原本比较健康的银行。一旦银行停止放贷，众多企业就不可避免地会受到冲击和影响。

经过痛苦的讨论后，美国政府决定高调出手救助银行。直接好处是在短期内遏制股市和债券市场的急剧下滑，并可能挽救全球的金融体系，不至于让它瞬间崩溃。但一两年后，监管者发现，当初获得救助的银行在给自己的高管和员工发放了高额奖金后，其他行事方式和金融危机前并无两样，反而是在被救助后，越发有恃无恐，进行更多的"魔鬼交易"。全球金融市场也又随之坐上过山车，金融体系又一次被推到了危机的边缘。

这一切，好像在三年后的温州又以相似的方式重新上演。只不过，这次的主角由华尔街的高管变成了温州的民营企业老板。和华尔街进行高杠杆金融衍生产品交易不同，温州商人进行的是更直观的投资——加工制造业。但随着海外出口需求逐渐减弱，出口越来越难，许多温州商人选择向金融市场进发。房地产、私募股权投资、小额贷款公司领域都出没着精明、团结的温州商人的身影。温州商人也很无奈："投资实业回报这么低，银行存款利率这么低，我们也是被逼无奈才选择高收益的投资机会。"这和华尔街高管在接受美国国会调查时所给出的"我们也是为了获得更高的投资收益，提升股东价值"的辩解，何其相似。

不但如此，温州商人更积极地推动金融创新，在各个企业之间形成"联保"体系。一旦企业形成信用联盟，一家企业需要获得贷款（其中不排除有高利贷），其他企业就会愿意为其提供信用担保。如果一家企业因为各种各样的原因不能及时还贷，"联保"体系的其他企业会向其提供帮助，甚至承担为其偿还一部分债务的责任。

至此，温州商人在其民营企业的基础上，构建起一个以民营企业为基础和依托，投资于各个金融市场的巨大金融王国。这一金融王国的主营业务，就是以实体企业为抵押或资产，通过激进地获取银行贷款和其他形式的融资（包括高利贷），进行风险更高，收益也更高的投资项目。国内一轮轮的楼市热、股市热、PE热、艺术品热、矿产热、林权热，据说背后都有由实业资本转型而来的金融资本的推手。这一循环，让人不免回想起美国房地产危机中的资产支持证券（ABS），通过提高信用评级，获得更廉价的融资，进入更激进和更高杠杆化投资的轮回。

天下熙熙，皆为利来。资本逐利，本无可厚非，但企业一旦陷入困境，雇员、债主、银行、地方政府，都突然发现自己处于风险的风口浪尖。这一由实业企业转型而来的金融帝国，也在发展过程中构建了另一项极具价值的资产——网络信用。

各国银行体系之所以在金融海啸即将灭顶的时候，还敢理直气壮地和监管者讨价还价，靠的就是它们的网络信用的价值。金融机构这种"敢让我倒闭，我就拖垮整个金融体系"的大而不倒的气概，才是问题所在。

与此同时，在危机初现端倪的时候，温州商人的联保体系已经显现巨大的能量。一家企业倒闭，已经不是这家企业自己的事，而是迅速波及几家企业，成为整个行业、农民工、银行和政府的事。这不正是遵循了好莱坞大片《华尔街：金钱永不眠》的剧情吗？

在全球金融危机平息后的两三年，很多观察家仍然不认可美国政府在危机中所做的三个决定。其一，政府利用纳税人提供的资金，救助全美最不需要救助的银行家。最终结果是美国用国家信用为金融机构的企业信用买单，导致美国国债评价遭到历史性下调。其二，在救助过程中，厚此薄彼，缺乏原则。先是救助了贝尔斯登，然后又放弃救助规模更大，影响也更大的雷曼兄弟，不到一个月，又改变方向救助了规模更大的美国国际集团和大型商业银行。在整个过程中，政府行为的随意性暴露无遗。其三，美国政府为一己私利，进行大规模量化宽松，不但给国际金融市场带来冲击，也严重扭曲了美国国内的经济体系和价格信号，导致全球经济迟迟难以恢复。在西方政策制定者对其在金融危机过程中的决定进行反思的同时，我们或许可以从中吸取以下三点教训。

第一，经济运行有其周期和自然规律。最近一次的全球金融危机，固然是由全球经济金融体系长期不平衡的矛盾导致的，但更直接的原因是，在应对20世纪90年代一系列迷你危机的过程中，以美联储为首的发达国家央行投放了过量的流动性，将整个全球经济金融体系推至史无前例的高度投机阶段。而危机的爆发，无非是泡沫堆积到一定程度，众多无法实现的"庞氏骗局"的集中破裂而已。在危机中，美国政府的一系列针对短期问题的应急政策，在事后，大多被认为是使美国经济过去几十年不断恶化的推手，也最终导致"占领华尔街"运动的上演。

以为利用短期政策就可以解决长期经济问题的任何想法，都应被戴上

"过度自信"的帽子，并很可能被现实的"飞去来器"击伤。美联储和我国的财政部都经历过这一过程。温州问题，其实代表了很多其他地区的问题，代表了我国以出口为主导的经济发展模式在经济迅速发展后面临的问题，以及很多其他外向型新兴经济的社会和经济问题。因此在问题还没严重危及整个经济的时候，应更多从转换经济发展模式入手，而非只是"头痛医头，脚痛医脚"。

第二，微观的救助可能导致宏观问题的持续和加重。在金融危机之后的第一轮刺激政策失效之后，欧洲很多金融机构陷入新一轮困境。欧洲政府不得不又一次面对金融机构救或不救、怎么救、用什么救的难题。所不同的是，这一次欧洲政府可运用的弹药比金融危机时要有限得多，而面对的政治和经济压力比上次也要大得多。不但是金融机构，希腊、西班牙、意大利等国的政府发现，这一次它们已经不再是以救助者的身份出现在谈判桌上，而是成为银行的间接受害者一起出现在了被救助的一方。

在危机的救助中，金融机构的债务和高杠杆化迅速转嫁给了主权政府，这是欧洲主权债务危机的根源。而国内出现的一系列事件（例如，城投债事件、企业债信用降级事件，以及温州事件），背后都牵涉民间资本、地方政府、中央政府之间的信用更迭。在当今高度金融化的时代，信用就是资金、资助。以中国振奋人心的经济增速，中央政府的背书一直都是最有效的信用提升工具和最有力的资本之一。正因为如此，政府才更应该珍惜自己来之不易的信用，谨慎从事，避免在短期内注入大量资金和信用，以防有朝一日危及自己的声誉。

第三，对过程的监管和保护应重于对结果的监管和保护。美联储和证券交易委员会在2008年金融危机中丧失了在过去一个世纪里积累的公信力，一个很重要的原因就是它们非但没有在金融危机长期酝酿的过程中，对信息披露、金融机构风险管理等资本市场的重要方面进行必要的监管，反而在救助谁、怎么救的问题上表现出极大的随意性和不一致性，加重了危机爆发的后果，拖累了全球经济的恢复。

解决温州危机也面临类似的难题。救哪个地区、哪个行业、哪个企业，救企业主还是救一般员工？魔鬼栖身于细节里。政府对某个具体地区和企业的直接援助，有可能会挤压其他地区和企业的资源，造成对整个经济更严重的扭曲和打击。

瑞士政府曾在危机过程中对受到巨大冲击的瑞士银行提供了大量的救助，并迫使其进行深层次的检讨和改革。不料在这一系列改革措施尚未完全实施之际，瑞士银行又一次爆出了"魔鬼交易员"在原本低风险的业务里违规操作，交易爆仓导致数十亿美元的损失。由此可见，保护的结果永远只能保护一时，有时甚至连一时都保护不了。

面对2008年的金融危机，美国政府出手了，欧洲政府出手了，金融机构获救了。金融高管重获高薪，金融危机得到缓解。但之后不久，危机突然重现。民众的愤怒之情不可遏制，发起"占领华尔街"运动。温州危机要从中吸取教训，要不要救，怎么救，拿什么救，都是值得认真讨论的重要且迫切的问题。但背后更重要的是，怎么制定政策防止下一个类似的危机在国家的另一个角落酝酿爆发。

破产是个好东西

在解决 2011—2012 年温州民间融资难和民间借贷风波的时候，各地政府都面临一个同样的问题和挑战——如何对待受到借贷风波波及的企业。因为不能承担担保所带来的巨大压力，或者因为资金链断裂，很多实业企业不能继续维持生产，不得不面临破产倒闭的结果。对于这类企业，从中央政府到地方政府在给予高度关注的同时，迅速推出了一系列扶持救助措施。究其目的，主要在于避免欠债企业的破产。这种保护本地企业，保护本地经济的初衷当然没错。但是，从整体经济和资源配置的角度保护与救助经营不善或者管理风险不善的企业，助其摆脱破产的困境，一定程度上和在 2008 年金融危机之中各国政府救助那些"大而不倒"的金融机构一样，犯了同样的扭曲资源价格和提高风险成本的错误。

破产，在中国一直是一个禁忌话题。我国在 1986 年颁布的《企业破产法》，在其历史生涯中，处理过的案件数量可能还不及欧洲某中等国家破产法庭一年所处理的案件数量。破产是失败的，不光彩的，应该尽可能避免，国内的大部分官员、学者、商人都广泛接受这个观点。

诚然，对于遭遇破产的企业和企业家来说，破产必然是一段痛苦的经历。但是，作为市场经济的一项重要创新，在西方经济过去两个多世纪的发展中，破产这一概念和操作发挥了重要作用。

归根结底，破产是一种保护，是一种对企业和创业的保护。早先没有破产的时候，欠债的人或者被投入监狱，直到偿清债务才能出狱；或者只能逃债到他乡，像今天的"某跑跑"们一样。设想一家企业因为还不上贷款，管理层就得锒铛入狱，企业怎么能稳定发展，谁又还有心思创业呢？正是因为有了《企业破产法》，尤其是有了对债务人越来越友好的破产文化，越来越多的人才会决定加入创业大军。

破产是对资源的重新配置。虽然企业因为各种各样的原因经营不下去了，但本身还是集聚了很多对社会有价值的资源。厂房和设备可以拍卖给同行其他企业，有技能的员工可以另谋高就，公司的商标和商誉仍能吸引其忠实客户。在清偿债务后，股东和债权人的资金可以投入其他更有潜力的项目，创业者或职业经理人也可以放下包袱，从头开始。企业破产固然不光彩，难道苟延残喘，终日亏损地维持下去就更好吗？破产企业的员工下岗分流的确痛苦，但在半死不活的企业苟且一生，也未必能体现他们的价值。

所以，维持经营不善的企业，是对社会资源的浪费。而破产，充其量是对资产和负债，在股权人、债权人、债务人及其他利益相关方之间的一次重新分配。当然，在理清这些大的财务利益相关方的关系的时候，应关注几个原则。第一，无论清盘还是重组，都要严格依照法律程序和原则。只有在其合法权益得到充分保护的前提下，各利益相关方才有可能在《企业破产法》规定的框架里合理协商和讨价还价，才能保证企业最有价值的资产吸引出价最高的买主，为现有债权人和股东谋得最大权益。同时，在破产过程中，要保证各利益相关方受到法律同样的保护，要避免公司高管或大股东通过对公司的实际控制，利用信息不对称来假破产、真逃债，让其他利益相关方为自己的贪婪或经营失误买单。

第二，在破产过程中，要保障弱势群体和国家的利益。在西方的破产法律里，债务人在清偿其他债务之前，必须保证支付员工合理金额的遣散和安置费用，同时保证其他有业务往来的企业，尤其是小企业的应收账款。并且，企业在清偿债权人和成功完成重组之前，也必须补交所欠的各种应缴税费。只有这样，才能防止企业为逃避债务和社会责任而申请破产。

第三，行政机关应尽力保障法律的严格实施，但应该避免直接干预破产谈判过程和结果。破产过程的关键就是让市场决定哪些企业可以存活，哪些资产还有再利用的价值。如果出于维护自身利益或保障当地就业等短期利益考虑，政府机关强制主导破产结果，有可能进一步恶化资源配置，结果可能使经历了一次破产的企业，很快又会陷入困境，需要经历又一次破产才能重组或解困。此前欧美各国对某些金融机构的救助，一定程度上就反映了政府职能在救助受困企业时的局限性。

破产是重要的价格信号。只有允许破产，资本市场才有可能区分高风险和低风险的企业，对高风险和低风险的企业给予不同的信用评价、贷款标准和利息水平，企业才会更关注自己在经营决策中的风险，公司股东和债权人才有动力对公司进行有效的监督和治理。也只有破产，才能淘汰那些不再适应经济发展的企业和商业模式，才有可能为新一轮经济增长和商业模式的发展提供必需的资源。

所以，在中国经历了多年"不公正"的待遇之后，破产这一概念应该得到政界、商界和学界更多的关注和思考。破产之于企业，有点像死亡之于人生，不同之处在于，破产企业仍能不时上演凤凰涅槃。譬如苹果公司就在短短10多年的时间里，从濒临破产发展成全球市值最高的企业之一。

由此可见，破产并非洪水猛兽，有的时候也可能成为改变历史的催化剂，套用乔布斯的一句话来说就是"死亡是生命最伟大的发明"。

资管新规

2018年4月27日，中国人民银行会同中国银行保险监督管理委员会、中国证券监督管理委员会及国家外汇管理局，联合印发了《关于规范金融机构资产管理业务的指导意见》，标志着我国资产管理行业向统一监管的方向又迈出了重要一步。

十九大报告指出，健全金融监管体系，守住不发生系统性金融风险的底线。我国的金融业的风险重点在于影子银行和地方债务，虽然地方债务经过展期有所缓解，但影子银行问题始终没有缓解，通过资管渠道，资金流向高风险领域，给金融系统性风险埋下重大的风险隐患。因此，《关于规范金融机构资产管理业务的指导意见》将针对金融领域的问题和隐患，坚持问题导向，提高监管有效性。根据中国金融行业发展现状和混业经营的现实，对各种不同性质的资管产品制定统一的监管标准，实行公平的市场准入和监管，目的在于消除监管套利空间，防止产品过于复杂，防止风险的跨行业、跨市场、跨区域传递等系统性金融风险的诱因，同时切实为资管业务的健康发展创造良好的制度环境。

近年来，我国金融机构资管业务快速发展，规模不断攀升，截至2017年末，不考虑交叉持有因素，总规模已达百万亿元。其中，银行表外理财产品资金余额为22.2万亿元，信托公司受托管理的资金信托余额为 21.9 万亿元，公募基金、私募基金、证券公司资管计划、基金及其子公司资管计划、保险资管计划余额分别为 11.6 万亿元、11.1 万亿元、16.8 万亿元、13.9 万亿元、2.5 万亿元。同时，互联网企业、各类投资顾问公司等非金融机构开展资管业务也十分活跃。

随着资产管理行业在过去几年高速发展，我国资管行业也暴露出了不少问题亟待解决。具体而言，在资产管理行业中凸显出多层嵌套、杠杆不清、套利严重、投机频繁等问题，对资产管理行业的长期健康可持续发展，以及确实有效实施以保证不发生系统性金融风险为底线的有效监管，都提出了明显的挑战。

为了应对这一行业发展和监管之间的不匹配，《关于规范金融机构资产管理业务的指导意见》对资管业务进行统一监管改革，有助于帮助监管层更加及时准确地掌握大资管行业这一中国金融体系日益重要的组成部分，以保证及早发现处置风险、维护增强市场的稳定性。同时，新规将有利于逐步杜绝监管套利，减少市场中的不规范行为，并帮助市场更加有效地起到信息发现作用。而且，统一的监管也有助于形成公平的竞争环境，为资产行业向更加专业化且技术化方向发展，指明了正确的方向并奠定了坚实的基础。

具体而言，资产新规的新意主要体现在打破刚性兑付、规范资金池业务、控制产品杠杆三个方面。

打破刚性兑付

刚性兑付，即投资者不直接对自己的投资损失负责任，而是期待第三方对自己的投资损失兜底，是长期困扰中国资产管理行业和整个金融体系的痼疾。正如笔者在《刚性泡沫》一书中所阐述的，刚性兑付不但扭曲了金融市场中收益与风险之间的平衡，更容易引发投资者、企业和金融机构因为无须自己承担风险，而加大杠杆和激进投机的行为，直至可能因为这样"大而不倒"的心理，诱发类似2008年全球金融危机那样的系统性金融风险。

这次监管新规，不但对于刚性兑付行为给予了更明确的定义和更加严格的监管，也对违规行为规定了更加严格和严厉的处罚措施。按照新规，资管机构不能以任何方式对外承诺收益率，资管机构的所有投资损益都应该体现在公允估价形成的产品净值中，由资管产品的购买者承担。资管机构只按照其管理资金的规模收取固定费率的管理费，不能承诺或者事实上承担投资失误带来的损失。

规范资金池业务

新规规定，金融机构应当做到每个资产管理产品的资金单独管理、单独建账、单独核算，不得开展或者参与具有滚动发行、集合运作、分离定价特征的资金池业务。为降低期限错配风险，金融机构应当强化资产管理产品久期管理，封闭式资产管理产品最短期限不得低于90天。金融机构应当根据资产管理产品的期限设定不同的管理费率，产品期限越长，年化管理费率应越低。

这些规定针对的是目前在中国资产管理行业普遍存在的在资金组织方面的信息披露和监管的缺失。一旦金融机构将各种不同产品的资金汇集进入资金池，就将直接导致监管机构和投资者无法准确且及时了解单个资产管理产品的收益与风险敞口，这既不利于从微观层面保护投资者，更不利于从宏观审慎的角度掌握风险变化和预防系统性金融风险。对于资金池业务的规范，从监管层面有效杜绝了潜在监管套利和风险敞口。

控制产品杠杆

2015年，中国A股市场的异常波动突出了国内资产管理行业对于杠杆的披露监管要求：一方面，高杠杆有助于在市场上涨阶段增加投资者的投资收益；另一方面，一旦市场出现下跌，高杠杆将不但强迫投资者卖出资产，而且有可能诱发流动性枯竭，以致进一步的市场下跌。

为了防止类似市场异常波动再次发生，资管新规要求资产管理产品应当设定负债比例（总资产/净资产）上限，同类产品适用统一的负债比例上限。每个开放式公募产品的总资产不得超过该产品净资产的140%，每个封闭式公募产品、每个私募产品的总资产不得超过该产品净资产的200%。计算单个产品的总资产时应当按照穿透原则合并计算所投资资产管理产品的总资产。分级私募产品的总资产不得超过该产品净资产的140%。分级私募产品应当根据所投资资产的风险程度设定分级比例（优先级份额/劣后级份额，中间级份额计入优先级份额）。

与此同时，新规规定金融机构不得为其他金融机构的资产管理产品提供规避投资范围、杠杆约束等监管要求的通道服务。资产管理产品可以投资一层资产管理产品，但所投资的资产管理产品不得再投资其他资产管理产品（公募证券投资基金除外），从而进一步限制了多层嵌套、重复嵌套等进一步加剧杠杆问题的可能。

需要特别指出的是，新规对于资产管理行业提出的统一监管的思路，对于克服目前困扰中国资产行业的监管套利问题和不公平竞争的现象，起到了重要的推动作用。

由于从事资产管理行业的业态在新规下必须接受同样的监管，一直以来困扰资产管理行业的不同监管主体、不同监管思路、不同准入标准、不同执行力度等问题，应该会在新规下逐渐得到解决。

同时，新规中体现的公平准入或者公平待遇的思路，为市场长期稳定公平发展打下了坚实基础。从全行业的角度来说，统一监管标准不但增加了透明度，而且降低了管理成本，一定程度上有助于降低投资者的投资费用并增加其投资净收益，真正达到金融更好地服务实体经济的目的。

此外，新规对于资产管理产品投资集中度的管理规定，既有利于统一公募基金、券商资管计划、银行理财产品投资中的风险，而且有利于排查和控制资产管理行业对于金融系统稳定和宏观审慎监管框架可能产生的冲击与风险。

当然，值得指出的是，新规的初衷和长期远景虽然美好，但是从现有市场情况到达长期稳定状态的路径却充满挑战。

其一，必须看到，许多资管产品目前的客户（尤其是银行理财产品客户）之所以愿意购买资管产品，恰恰是看中了这些产品保本保收益带来的安全性。让客户接受净值化管理的方式会有一定难度。一旦资产管理产品真的实行净值化管理，让客户对自己的投资损失负责，那么客户对资管产品的兴趣很可能明显下降，这会从源头上给资管行业的发展带来阻力。

其二，由于很多资产管理产品的终极投资标的集中在国内少数几个资产类别和市场里，市场中存在明显而且普遍的传染效应和同质化的流动性需求。一旦资产管理行业必须在给定的时间内完成过渡，势必引发大量资产管理产品投资者要求赎回产品，并且资产管理产品集中在特定时期退出某些特定的市场，因此给所在市场带来短期流动性缺乏和资产价格的下跌。有些专业人士甚至认为，2017年最后一个季度中国债市和股市的下跌，一定程度上已经反映资产新规对于股票、债券这类流动性尚好的资产的价格的影响。一旦下跌预期和流动性需求形成，市场上甚至可能形成和基本面无关，而完全由于资产管理产品赎回和调仓所引发的市场过度波动乃至暴跌。

其三，由于大量银行理财投资于非标的资产，并对实体企业的融资需求给予大量的支持，随着监管新规的推出，资产管理产品融资的吸引力有可能明显减弱，直接导致其为实体经济输血的功能减弱。对于实体企业，特别是有再融资需求的实体企业，这可能引发新一轮融资难、融资贵的挑战。

因此，如何平衡新规的长期目标和防范新规在过渡过程中可能引发的短期市场波动，以及帮助各界逐步适应新规带来的影响，应该成为下一阶段新规推动过程中的重点。特别值得指出的是，在推动新规的过程中，要树立坚决杜绝增量，逐步化解存量的思路，既要保证刚性兑付、连环嵌套等问题不再进一步恶化，更要保证市场平稳有序出清，坚决防止在化解风险的过程中引发甚至创造新的风险。

14

金融创新

无论金融市场如何发展,
金融技术如何进步,
风险都只是被重新分配,而非被消除。
金融创新有可能引发不可预测的"黑天鹅"事件和相应的风险。

有人说20世纪是技术创新的世纪，21世纪是金融创新的世纪。很多人觉得有了金融创新，或者有了由数学工程知识支撑的新的风险管理工具之后，这个世界、这个时代就会变得越来越安全，投资也会越来越容易。其实我们回想一下，过去10年、20年发生的诸多事件与我们期待的恰恰相反。所谓的"黑天鹅"事件发生的频率越来越高。美国存贷银行危机、东南亚金融危机、互联网泡沫危机、美国房地产危机和欧洲主权债务危机，包括日本财政危机，这些在过去20多年里面发生的事件都愈演愈烈，严重影响了我们的生活。

全球债券大王比尔·格罗斯在2007—2008年金融危机后说，这是投资者要做好准备的新常态。也就是说，今后整个投资的风险会逐渐增加，收益却有可能越来越低。金融创新的主要目的就是以更多的方式、更加巧妙的手段，把风险在更多的市场、更多的投资人和更长的时间里进行分散。从每个投资者的角度来讲，他们承担的风险可能比没有金融创新的时候更低。因此，作为对承担风险的补偿收益，很可能也会降低。但是，正像物理学中所说的物质不灭定律一样,金融中可能也会有类似的风险不灭的规律。无论金融创新怎么发展,金融技术怎么先进,都只是对风险的重新分配,而非消除。更不用说由于风险管理技术和金融创新的发展,反而有可能增加不可预测的"黑天鹅"事件和相应的其他风险。

人们对于金融创新的理解还有待进一步加深。金融创新工具再怎么复杂,数学原理再怎么完善,它仍是一个工具。如同工业技术一样,比如原子能科技可以造原子能发电站造福人民,也可以造原子弹来作为世界大战的武器。金融创新也一样:一方面,金融创新和金融工具提供了一个更好的框架和工具来解决家庭与企业所面临的经济问题;另一方面,由于它只是一个工具,很多重要参数最终仍必须由人来决定和执行,因此,风险管理是否有效,最后还是落在了可能有行为偏差的决策人手里。

举例而言,信用卡的出现为消费者提供了更多融资的可能性,提升了居民家庭的消费能力,也间接促进了经济增长。此外,有些家庭却因为对信用卡的利率条款不了解,在高额消费和大举借贷后不能够承担自己的债务,进而导致家庭财政状况崩溃,不得不申请破产保护。有些银行和商业机构,利用对家庭消费方式的了解,专门针对那些还款能力较差的居民进行放贷,并在其家庭不能还款的情况下收取高昂的融资费用和违约罚款费用。银行这种恶意的"掠夺性放贷"的做法,使得一些家庭对信用卡这一重要的金融创新产品敬而远之,不敢用其来消费。

另外,互联网促成了网上股票交易,但是投资者在更加便捷和迅速的网上交易环境下,反而更有可能做出不审慎和不理智的交易行为。这也验证了金融创新固然重要,但在很大程度上,金融创新对社会的影响还是取决于人们怎么运用和驾驭它。

金融创新和金融工具的出现，往往是为了帮助企业和金融机构控制或者分散某些有碍企业管理的风险。对于金融机构、发达国家的房地产市场、持有大量房地产资产的保险公司来讲，CDS 这种复杂衍生产品的出现，一方面帮助这些金融机构把资产持有的风险分散，即通过资产证券化的方式，分散给其他投资者；另一方面，正因为有了这种工具，很多金融机构觉得自己掌控风险的能力更强了。这和散户的控制幻觉其实是类似的。在不切实际的控制幻觉的影响下，更有自信心的投资者或者金融机构有可能承担本不应承担的更大的风险。这种更大的风险，有可能导致整个投资甚至企业命运发生逆转。

笔者觉得金融创新越是如雨后春笋般涌现，我们越应当正确看待它。我们可以回顾一下 LTCM 的案例。该公司是由两位诺贝尔经济学奖得主联合数位顶级债券交易员和很多在工程学、金融学、数学方面颇有造诣的教授、博士创办的一家对冲基金公司。这家基金公司在最初 5 年里，业绩表现非常好，给投资者带来了丰厚的收益。根据它的风险管理模型，基金管理者认为他们所管理的基金出现大规模损失的概率低于两千万分之一。正是在高超的学术修养、实战经验和看似坚不可摧的风险管理模型的激励下，这家公司开始敢于冒更多的风险。它采取了非常高的杠杆交易，进入越来越多原本不熟悉或者没有优势的市场，同时进一步提升整个投资组合的风险敞口。

1998 年秋，俄罗斯和东南亚的金融危机爆发，导致整个市场的流动性缺失，大量资金逃离长期有价值的投资标的，而选择追求短期而安全的产品,如大量购入美国国债。这种突如其来的市场环境的变化完全打乱了LTCM的操作,颠覆了其风险管理模型里一些最基本的假设,导致公司出现大规模亏损。在短短一个多月的时间里,该公司损失了其管理的95%以上的资产。由于该基金的交易涉及很多对手方,基金交易的损失差不多拖垮了全球金融体系。在LTCM的问题暴露后,美联储必须牵头所有大型投资银行,一起来拯救这只基金,以防止这只由天才创建的基金对全球经济金融体系产生毁灭性的打击。

2007—2008年的金融危机也有些类似。危机爆发之前,很多金融机构都开发了非常复杂的风险管理模型,以准确地控制和预测房地产债券违约的可能性。但是,正因为模型如此复杂,得到的结果又让人如此放心,导致几乎所有的金融机构都忽略或者故意"忘记"了房地产债券违约的各种可能性。当房价下跌的时候,当一些房地产债券出现很高的违约可能性时,其他房地产债券也可能跟着出现违约。这个看起来非常简单的道理,由于在数学上没有很好的解决方法,所以被金融机构和风险管理部门轻易忽略了。从某种意义上讲,这和当年LTCM的问题如出一辙。它做了一个极其简单的假设,认为各种资产之间的违约可能性是独立的,而所有商业银行、投资银行、保险公司的风险管理模型都没有估计到美国房价下跌对金融市场产生的潜在系统性冲击和危害。

由于这个假设,没有一家金融机构的风险管理模型能够准确地预测这场金融海啸的严重性。在整个房地产危机过程中,美国的雷曼兄弟和贝尔斯登这两家大型投资银行基本都垮台了。同时,危机也打垮了美国最大的保险公司——美国国际集团和美国最大的两家住房抵押贷款融资机构——房利美和房地美。从这个角度讲，金融工具的技术越发展，越会给投资者带来虚假的自信。而在强烈自信的驱使下，投资者可能承担更大的风险，同时，也可能改变自己和所在机构的命运，并且导致非常可怕的结果。

余额宝与金融危机

余额宝与金融危机有什么关系？看似没有关系。

但是余额宝和两种金融创新有着非常紧密的关系，而这两种金融创新和2007—2008年全球经济危机有着非常紧密的关系。

首先是货币市场基金。余额宝对接的天弘增利宝货币基金就是一只开放式的货币市场基金。在海外，货币市场基金往往通过投资在安全、流动性好的短期债券上，获得比银行存款更高的利率，也因此成为全球千万家庭理财不可或缺的好帮手。

有趣的是，虽然几乎所有投资者都认为货币市场基金和存款一样安全，但是货币市场基金就是货币市场基金，接受《证券投资基金法》的监管，而非银行法定监管。基金管理者不需要向监管部门提交准备金，投资者的资金也不受存款保险制度保护。其实，原因很简单，因为大家认为的安全投资，并一定那么安全，或者至少没有存款那么安全。

买过基金的投资者都知道，在基金不进行分配调整时，基金净值跌破一元后，投资者就会蒙受损失。自从货币市场基金自1971年问世之后，有没有货币市场基金给投资者带来损失呢？

回答是肯定的。1994 年美国的一家小型货币市场基金因为投资不当，导致其净值跌至每股 96 美分。因为当时基金的投资者全是机构投资者，所以没有个人投资者在这一过程中受损，整个事件也没有吸引太多关注。

但在货币市场基金诞生 37 年之后的 2008 年，伴随着雷曼兄弟在全球金融海啸中的破产，不止一家货币市场基金宣布，由于其持有的由雷曼兄弟发行的债券或债务，随着雷曼兄弟的破产不能支付，基金净值跌破一美元，甚至因为不能支付基金投资者的赎回请求而不得不清盘。

恰恰由于众多机构和个人投资者都把货币市场基金当作和存款一样安全的投资，这些货币市场基金的损失导致了市场恐慌和投资者的急剧赎回要求，以致美国财政部不得不出面为货币市场基金兜底，担保货币市场基金的本金安全。美国金融体系这才躲过一次差点儿由货币市场基金损失带来的危机。

由此可见，货币市场基金虽然大体安全，但并非刀枪不入，它和银行存款的安全性还不能同日而语。因此，监管者既不应该向其征收准备金，投资者也不应该盲目地认为货币市场基金和存款同样安全。余额宝产品的收益之所以高于银行存款利率，一定程度上就是因为投资者承担了这种客观存在，但被大多数投资者主观忽略或者否定的风险。至于等到真的出现流动性危机时，是由基金管理公司、互联网企业，还是监管部门来为余额宝和其类似的"宝宝"兜底，就又是另外一个重要但很多投资者从未考虑的大问题了。

和货币市场基金受到金融危机冲击而面临倒闭不同，另外一类金融产品，即所谓的结构性投资工具（SIVs），对 2007—2008 年全球金融危机负有不可推卸的责任。

SIVs 是花旗银行在 1988 年发起的一种投资业务，主要通过销售商业票据（CP）等短期债券，购买次贷债券等长期债券，通过短期债券和长期债券之间的利差来获利的金融工具。所谓结构化，就是通过一定的金融工程，以及投资工具和管道的结构提升，以实现给投资者带来更高收益的目的。相比普通定期存款而言，结构性投资产品往往被认为是具有低风险，而且能带来相对较高收益的"创新型"产品。

SIVs 大多是国际知名的大银行，在考虑风险管理的前提下，在公司的资产负债表以外另外成立公司再进行管理的基金。为了能获得低廉的融资成本，银行往往利用本身良好的信用为 SIVs 提供背书，让这些公司得以在银行间拆借市场的低利率（一般多是以 LIBOR 利率——伦敦银行间同业拆借利率），在市场上发行"商业票据"以获取低利率的资金。在完成融资后，SIVs 会再把这些资金投入比较安全的中长期债务，以谋得较高的投资利率。通过这样的资金腾挪，SIVs 自信可以在保证资金安全的前提下赚取长短期的利差，也就是达到长短期限上的收益套利。

但是，有句老话——天下没有免费的午餐。收益和风险，本来就是金融体系里的一对孪生兄弟，很难只获得前者，而不承担后者。SIVs 也不例外。

由于 SIVs 是借短期去投资长期，借款部分的资金需求会比投资部分的投资收益先到期，因此，在一开始时这项商品就不可避免地具有"流动性的风险"，一般的商业票据多是十天到一个月就到期了，而中长期债券的到期日则是 1 年到 10 年以上都有。也就是说，如果一家 SIVs 管理公司利用发行一个月的CP筹资买入一年到期的债券，那么这家公司需要至少12次顺利进行CP融资才能保证其现金流不断裂。

当市场稳定、资金充足的时候，一切都不是问题。在美联储于2000年以后为了挽救美国的互联网泡沫破裂给经济带来的冲击而释放大量的流动性之后，SIVs也取得了高速发展。在其鼎盛时期，全球大约有30家SIVs机构，持有的资产超过4000亿美元。很多商业银行和金融机构也因此赚得盆满钵满。

但是，随着2007年美国房地产市场见顶，房地产次级债务市场出现松动，许多SIVs在售卖新的商业票据以代替即将到期的旧商业票据时遇到了很大的麻烦。例如，花旗银行在2007—2008年，有超过1000亿美元的资金被套牢在SIVs中。与此同时，由于很多金融机构所看好和笃信的"安全"的美国房地产次级债出现大幅下跌和违约，SIVs的投资标的也不再安全，非但没有给SIVs带来比融资成本更高的投资收益，甚至很多出现了大规模亏损。等到金融危机达到顶峰时，全球信用市场的枯竭更是成为压垮SIVs的最后一根稻草。所有SIVs都因为现金流断裂而宣告失败。截至2008年10月，所有SIVs都不进行积极投资了。

2007—2008年全球金融危机暴露出SIVs投资工具的三个风险。一是刚才提到的流动性风险。随着流动性紧缩，SIVs习以为常的融资渠道突然崩塌，导致SIVs的整个商业模式轰然倒下。同时，流动性紧缩所带来的高风险，使低流动性资产（比如房地产次级债）的价格大幅下跌，也导致SIVs投资的标的远不像管理公司想象的那么安全。"只有在潮退的时候，我们才知道谁在裸泳。"巴菲特的总结何其精辟。但美国金融危机之前几年市场上一贯的资金过剩导致金融机构明知有风险，仍然坚持玩火。

二是违约风险。SIVs 买入的债券如果到期无法清偿，也会给 SIVs 的投资业绩和资金安全带来风险。如果 SIVs 只是买进非常安全的美国国债，那么金融危机可能也不会给 SIVs 带来灭顶之灾。正是因为 SIVs 持有大量看起来和美国国债同样安全的 AAA 级的"次级房贷"债券，在美国房价出现下跌的情况下，SIVs 的投资也就完全失败了。而债券投资风险中最重要的违约风险，恰恰就是很多 SIVs 早年收益不可一世的一个重要原因。是风险，迟早是要还的，有的时候，只不过时间早晚而已。

三是信用风险，也就是 SIVs 信用资质。因为 SIVs 的信用大体来自背后金融机构的信用资质。因此，一旦出现风吹草动或者金融危机，金融机构本身是否有能力、有意愿救助 SIVs 和 SIVs 的投资者，也是值得投资者慎重考虑的一层不确定性。

综上所述，SIVs 遭遇风险和损失只不过是迟早的事，关键则在于投资者是否知晓这种情况，并对此做好充分准备。

从某种程度上说，余额宝也是从投资者那里以短期融资等方式，把零散的短期资金集中起来投到中长期的协议存款产品，以获得较高收益的 SIVs。当然，和加剧 2007—2008 年全球金融海啸的 SIVs 产品不同的是，余额宝只是初级水平的 SIVs，它既不通过系统性地发行短期债作为融资途径，也不在投资时通过放大杠杆率增加风险以获得更高的收益。最重要的是，和那些投资在看似安全的 AAA 级次级贷款的 SIVs 不同，余额宝主要投资于协议存款领域，应该是更加安全的。只要中国经济保持增长，中国的银行体系保持健康和稳定，余额宝所投资的产品应该不会面临违约风险。

但是，从另一个角度来看，上述发生在海外货币市场基金和结构性投资工具身上的风险，也完全有可能在中国上演。毕竟，中国目前仍然是一个发展中国家，经济金融体系处于高速变革和发展的过程中，也会面临这样或那样的风险。

作为投资者，最重要的任务是能够了解并且准确地衡量这一投资机会的风险。作为产品的设计者和提供方，企业有义务充分披露产品背后的机会和风险。作为监管者，政府有职责给所有的企业提供一个公平竞争的监管环境，并给投资者以投资者教育和风险警示方面的保护。在以上前提下，投资者的风险偏好如何，是否购买某一类产品而不是另一类产品，在产品出现违约后由投资者自己承担，而非让政府买单，这些都需要充分发挥市场的作用和机制。很多时候，违约、破产、损失都是经济金融市场发展过程中必须经历的阶段，逃不过，也避不开。非如此，投资者不会成熟；非如此，市场不会成长。

其实，金融危机往往并非源于金融创新，而源于促成金融创新的金融扭曲。

中国投资者，特别是小额投资者，长久以来除了银行存款和股市外，好像没有什么投资选择的余地。余额宝是风险低于股市，而收益高于过去几年股市的一种投资产品，所以毫无疑问会对很多中小投资者有比银行存款更大的吸引力。这无疑会对目前的中国金融体系造成冲击，也有引发金融危机的可能。但在充分披露各种"宝宝"的风险之后，市场应该更多地思考这些风险到底是从哪里来的。

违约：债券市场发展的必经之路

2016年以来，中国信用债市场开始忙着撰写自己有生以来第一部"违约史"。受之前两年中国经济下行大背景的影响，以及中国利率化金融改革的进一步深入，中国债券市场出现了历史性的违约高潮、信用风险的集中释放和信用风险的集中爆发。2016年5月13日，南京雨润在中国货币网发布公告称，由于未能如期调配资金，因此无法兑付10亿元债券本息。这是南京雨润在两个月内第二次出现债务违约。同为上市公司的天威英利在5月12日发布公告称，其一只总额超14亿元的中期票据的本息兑付存在不确定性，而这是天威系债券第六次出现违约。

特别值得关注的是，债务违约这一原本被广大投资者认为只会发生在民间借贷或者互联网金融平台上的孤立事件，近年来却上演出从中小企业到大型企业，从民营企业到央企，从钢铁、有色、煤炭等产能过剩行业等违约重灾区向其他行业不断发酵升温的趋势。

2016年5月发布违约公告的还有东北特钢集团和内蒙古奈伦集团股份有限公司。5月5日，东北特钢集团发布公告称，由于公司现金流极度紧张，5月5日到期、发行规模7亿元的15东特钢CP002未能按期足额偿付本息，已构成实质性违约。在此之前，东北特钢已经连续发生三次企业债违约。除此之外，中煤集团子公司中煤华昱、中国铁物等央企此前也纷纷爆发违约事件。

据国泰君安统计，自2016年初以来，已有22只信用债发生违约。国资委2014年开始对106家中央企业发行的各类债券进行全面摸底，对即将到期的债券逐笔进行风险排查，截至2016年3月底，共有82家央企发行债券4.05万亿元，4家央企违约金额达84亿元。

应该如何看待中国债券市场的风险，监管部门应该如何进一步推动债券市场的发展，而投资者又如何在债券市场风险爆发的时候做好收益和风险的平衡，这些一时间成为整个中国债券市场，乃至中国金融体系高度关注的话题。

第一，必须指出，即使最近几年出现违约现象，中国债券市场的发展，特别是信用债券市场的发展，对于中国金融改革，建立多层次资本市场，以及让金融更好地服务实体经济，化解民营企业融资难、融资贵等问题，都具有重要意义。

债券市场的发展可以帮助市场发现信息，把资本以合理的价格配置到最优的资源上，帮助完成中国利率市场化改革的最后攻坚战。随着国内利率关系逐渐理顺，中国资本项目开放，人民币汇率形成机制，以及人民币国际化等一系列进一步促进中国金融体系改革开放的举措，也将起到大力的推动作用。

由此可见，不能因噎废食，因为债券市场的几起违约事件，就担忧甚至否定债券市场的必要性和重要性。

第二，对于债券市场而言，违约非但不是洪水猛兽，而且必不可少。

无论是股票市场，还是债券市场，金融市场归根结底是风险的市场。既有市场，便有价格，股票和债券的价格和收益，就是市场参与者通过对和企业、证券有关的各种各样信息、证券风险的意见表达。不同于股票市场，债券市场历史上被认为是非常甚至绝对安全的市场。投资者可以在不同债券之间进行选择，但几乎不需要承担投资出现损失的风险。

这一情形随着信用债市场在过去几十年的飞速发展，其实已经发生了根本改变。随着以美国为首的西方资本市场里高收益债券（垃圾债券）市场的发展，债券市场的风险敞口已经大大增加。由于存在较高的违约风险（借债方不能支付利息或者到期不能归还本金），因此高收益债券从承销到交易都和传统意义上的债券存在较多不同，有些方面甚至更接近于股票。由此，债券市场对于风险识别和定价的需要与能力进一步加强。

债券市场主要的风险就是违约风险。一旦债券违约，投资者不但面临投资收益泡汤的下场，更有可能损失本金，落得"竹篮打水一场空"。由于违约和破产比较少见，也因为债券违约会对投资者造成重大的影响，因此债券市场一直高度关注判断和预测违约风险。所有试图结束或者预测违约风险的模型，都需要利用这些少见的违约事件来摸索规律和修正模型。

直到最近几年，在中国目前债券市场里缺乏违约事件的现象，既让广大投资者丧失了风险意识，也让那些有风险意识的投资者缺乏机会来观察和研究中国债券市场里的违约行为与信用风险。有些人认为，中国征信体系和信用评级机制的缺失，是导致中国目前债券市场发展缓慢的重要原因。但是，如果债券市场从来不发生违约事件，那么无论什么样的征信体系和信用评级机制都不能够有效地为市场带来额外有价值的信息，为投资者带来有意义的帮助。反之，恰恰因为国内市场征信体系和信用评级机制的不完善，债券市场自身的违约事件才可能成为对征信体系和信用评级机制的有效补充。债券交易收益率的变化，其实就是反映债券违约风险最及时，也最准确的标尺。

目前，国内企业债券市场仍处于发展初期，大部分金融市场资产通过银行体系而来，而非来自资本市场，但随着时间的推移，债券一定会成为中国资本市场发展重要的组成部分。尽管最近境内债券市场的违约数目上升，当中涉及部分企业以及中央和地方国企的债券，但实际违约率和国际平均水平相比仍然很低。加之在中国债券市场，投资者的认购金额通常很大，其应该具有相应的风险承受能力。而且，除非通过违约和投资损失，投资者很难有了解风险和进行风险管理的机会。因此，无论是国有企业，还是民营企业的债务，都应当由其自身经营状况决定，允许债务违约。非如此，中国的债券市场无法担当起其被赋予的历史和社会使命。

第三，违约有助于市场更好地发现价格，做出准确的风险定价。只有出现违约且打破刚性兑付文化，中国债券市场才有发展，中国经济才能成功完成转型。

近几年在中国债券市场发生的集中违约事件，一方面是中国经济增长速度放缓，经济增长模式调整的一个自然和正常的反映；另一方面，违约的发生也和中国政府希望逐渐退出其对地方政府和国有乃至部分私营企业提供的隐性担保，希望中国信用市场可以真正发展成为"买者自负，卖者尽责"的成熟债券市场的思路有关。

刚性兑付在很长时间里对于中国债券行业的发展做出了重大贡献。即使是在过去一两年中国经济增长速度放缓、债务问题加剧、利率下行的大环境下，很多公司债、企业债之所以仍然吸引了广大投资者，恰恰就是因为在中国债券市场里普遍存在的刚性兑付的信仰。有不少投资者即使了解信用债自身的风险或者信用债发行企业背后的风险，仍然坚定地相信，只要企业在，监管机构在，政府在，自己购买债券的收益就是刚性的，就是有保证的，而自己投资所面临的损失最终一定会有其他主体通过不同方式替自己买单。

这种隐性担保的现象，并非只是出现在中国的债券投资领域，其实在中国经济金融各个领域里都普遍存在。比如，在中国的 A 股市场，很多投资者都相信中国政府及其指定的资本市场监管者会保证中国股票市场上涨，或者至少保证市场不会下跌。由于公司上市必须获得证监会批准，而且获批的都应该是发展潜力、财务指标十分优秀的公司，因此，一旦出现市场大跌，或者财务造假而令投资者蒙受损失的情况，就不乏出现中国投资者在证券公司、证券交易所，或者证监会门前示威、游行的情况。这些投资者认为，监管者应该为自己的风险和损失负责，或者希望自己的行为能够让政府出台更多有利于市场上涨的利好政策。

与此同时，中国房地产行业的投资者也面临或者相信存在类似的隐性担保。购房者相信中国政府一定会保证他们投资房地产的资金可以获得丰厚的收益。如果投资者因为房价下降而蒙受损失，就会出现有人在售楼处示威，甚至劫持售楼人员，破坏售楼处的现象。房地产领域的这些投资者也清醒地意识到，政府不会对他们因为投资受损而进行的抗议坐视不管，而一旦政府出面，开发商一定会给政府面子，对投资者的损失给出一个说法。

很多企业之所以敢于高筑债台，很重要的一个原因就是它们相信在自己进行大量投资和创造大量就业之后，一旦投资失败，政府和国有银行一定会进行救助。中国的很多企业，都是在政府明确或隐含的鼓励和保证之下，选择进行了大量自知难以持续的扩张产能的投资，最终导致企业资不抵债，不得不寻求地方政府和国有银行的救助。

恰恰由于中国的投资者相信，政府会对自己投资的产品提供隐性担保，并且保证自己投资本金和投资收益的安全，所以才会把资金投到这些原本风险相对比较高的信托产品和理财计划上。一旦失去政府的隐性担保，或者政府丧失了提供隐性担保的资源，那么中国的影子银行、投资者的丰厚收益，以及过去很长一段时间里企业的廉价融资渠道，都将受到严重冲击。这无疑将对中国经济的增长速度和经济增长模式转型带来巨大的压力。

由此可见，中国目前经济增长速度放缓，某些行业产能严重过剩，地方政府和企业债务水平攀升，金融市场波动的现状，一定程度上是过去一段时间政府担保和刚性兑付所引发的局部经济领域的一些刚性泡沫破裂导致的。政府推动短期经济增长的良苦用心，虽然在短期内达到了政策目标，但是却在不经意间扭曲了全社会对于风险的判断和投资者的风险偏好，扭曲了投资收益和风险之间的平衡关系，以及资本这一生产要素的合理配置。中国目前所面临的中小企业融资难、融资贵，新增货币供应难以流入和服务于实体经济，以及投资领域里的投机和泡沫频现，其实都是这种刚性泡沫在经济金融不同领域的不同反映。

因此，能否让投资者相信中央政府和监管层在今后不会再为地方融资平台和国有企业的债务违约买单，监管部门不会再为债务发行主体资质和投资者收益与损失担保，是中国政府退出隐性担保过程中的一个重大挑战。要达到这个目的，如果没有几个中国企业、金融机构或者地方政府真正尝试一下，恐怕市场上的投资者永远也不会相信中央政府会袖手旁观。

只有在违约和破产中真正遭受损失之后，投资者才会清醒地意识到企业面临的风险是独立的，中央政府和监管部门不对其他主体所欠的债务负有连带责任。而只有在投资者对企业的信用和违约风险都进行了仔细的甄别和慎重的判断之后，中国资本市场被扭曲的风险和收益之间的关系才能够得以恢复，地方政府和国有企业不负责任的借款和投资行为才会逐渐停止。

除了在国际上普遍存在的违约和破产所引发的"社会羞耻"效果之外，中国社会对于违约和破产特别的规避心态，很大程度上是因为中国社会是一个人情社会，而非法治社会。将不良企业推入破产会被社会上的大多数人认为是一种非常伤害感情的行为。而且，违约和破产事件还有可能引起企业相关工作人员和投资者的强烈不满，引发社会不稳定因素。再有，由于政府在国有企业中占有大量股份，允许国有企业和地方政府破产会直接对中央政府的资产负债表与财务状况造成负面冲击，这也是政府非常不愿看到的。

但是，无论投资者对于政府调控经济结构的实力和能力有多么强的信心，也无论中央政府的财力多么雄厚，我们都必须意识到，经济运行有自己的原则和规律，如果长期扭曲经济金融体系中的资产配置，扭曲风险和收益之间的关系，那么不但不能防止经济下滑，反而可能引发泡沫、危机，以及长期的衰退和滞胀。因此，如何通过更好的信息披露帮助全社会、全市场和整个金融机构真正意识到风险的存在和根源，并且通过金融改革和金融创新化解和分散中国经济与中国影子银行面临的风险，对于中国经济改革、中国经济增长模式的转型、化解中国金融风险和宏观风险，都有至关重要的意义。

从这个意义来讲，苹果公司的创始人乔布斯的一句名言可能是对的，"死亡是生命最完美的发明"。破产和违约很可能是唯一可以解决中国隐性担保问题，推动中国债券市场发展，深化推进中国经济和金融体系改革的意外之选。

15

何去何从

投资者面临的最大的敌人,既不是外国的阴谋策划者,
也不是本国的政府和监管层,更不是上市公司或者金融公司,
而是自身对于金融市场和风险的片面认知。
如果投资者不能正确认识风险,
整个资本市场和金融体系会面临极大的不确定性。

企业与企业家

投资者教育：让投资回归本来的难度，克服贪婪与恐惧

本书写到这里已接近尾声，在此总结一下本书讨论的内容，也讨论一下行为金融学研究对于散户、企业、政府和监管者的借鉴意义，以及对金融决策和政策制定的影响。如果把企业和政府看作一种追求利润最大化或者公共福利最大化的机构，那么企业和政府其实也是利用不同资源来投资各种项目的投资者。

首先，企业家在其企业之外，作为一般的投资者，其投资行为和散户的投资行为有很多相似之处。一般而言，散户的平均投资业绩显然跑不赢大盘。无论是在股票市场投资，还是通过基金进行间接投资，总体而言，散户的表现都弱于大盘。其中一个主要原因是投资者的行为偏差，尤其是过度自信。对于自己的投资能力和对市场趋势的把握，投资者往往有过度自信的倾向。即虽然没有足够的投资能力，但他们却有足够的自信投资，结果导致散户的市场表现输给大盘。比如在进行换仓的时候，散户新近买入的股票，比之前买入的股票表现更差。同时，散户的交易成本，有时会完全侵蚀投资收益。

其次，在投资的时候，散户表现出一种趋势，即简单地用历史预测未来（代表性偏差），这导致散户的市场择时不太准确。因为简单地依靠过往业绩做决策，就会在市场达到顶端的时候涌入市场；或者在市场见底，凸显投资价值的时候，又大举撤出市场。散户这种错误的择时，一定程度上损害了自身的投资收益，也是业绩不尽如人意的部分原因。

除了过度自信和代表性偏差之外，散户不尽如人意的投资业绩，很大程度上还因为他们对于金融、风险和投资理念缺乏了解。比如他们往往没意识到，风险和波动对于长期投资的回报率是有损害的。由于缺乏对于长期投资的信心和对于复利增长的巨大价值的理解，散户往往会低估投资中的风险，尤其是下行风险。因此，投资者应当多关注投资过程中的风险，尤其要规避股市下跌或者投资组合下跌的风险。只有控制好风险，才能保证资本长期进行复利增长的投资，从而带来更高的收益。

长期投资：复利的价值

在投资中，人们经常考虑的是每年怎么获得10%、15%、20%甚至30%的收益率。人们都在寻找收益率非常高的产品，但忘了最有利的投资武器和工具——复利投资。比如，8%的收益率看起来不怎么吸引人，但如果连续进行复利滚动，今年的100元本金，明年变成108元，8%的收益率如果连续投资30年，100元的本金可以变成1006元。

如果采取复利投资，投资者可以大致遵从72法则，也就是说，用72除以预期投资收益率，得到的结果就是本金翻倍所需要的时间：如果每年可以获得 10% 左右的年投资收益率，那么只需要 7 年，本金就可以翻倍；如果年投资收益率为 12% 左右，那么只需要 6 年；如果年投资收益率为 15% 左右，就只需要 5 年。因此，从长期投资的角度来讲，我们需要的并不是非常高的一次性收益，而更需要一种可持续、长期、稳定的收益。收益率固然重要，但时间和坚持也同样重要。在这种大环境下，投资者如果做好多样化投资，就能够享受长期增长的复利好处，这无疑意味着长期投资的成功。

当然，投资者必须注意到，以上计算取决于一个非常重要的假设。如果你的预期年收益率为 8%，每年的实际收益率越接近 8%，你取得翻倍回报的时间就会越接近于 9 年。虽然平均每年是 8% 的收益率，但是以下两种情况的长期收益率会迥然不同：第一种情况，是投资收益率每年都是 8%；第二种情况，是投资收益率出现大幅波动，第一年的收益率是 10%，第二年是 6%，第三年是 2%，第四年是 14%。一种是比较平稳的增长，一种是波动比较大的增长。哪一种可以在更短的时间里让资产翻倍？收益的波动率越大，本金翻倍所需要的时间就会越长，也就是复利增值的速度相对更慢。这恰恰是很多投资者没有注意到的信息。即使不能大幅提高收益率，投资者也可以通过降低投资风险的方式，提高自己长期的投资回报。

交易成本和投资净收益

还有一个影响投资者长期投资收益的因素，即投资过程中产生的交易成本。投资者应特别关注自己获得的投资净收益，也就是扣除交易成本和各种中间费用之后的收益。因为这才是投资者最后拿到手里的收益。不论是交易股票、期货、权证，还是基金，投资者在评估收益的时候，都要计算交易费用和交易成本，考虑在扣除交易费用和交易成本之后，自己能获得多少投资收益才是关键。

在预期收益给定的前提下，交易成本越高的投资机会，投资者越要慎重，因为即使是通过这种投资方式获得比较好的收益，收益中很大一部分有可能还是被投资管理者以费用和业绩提升的方式收走了，真正留给投资者的净收益可能并不是非常高。投资者在选择不同的长期投资时，对于交易成本的考量会产生重大影响。套用中国教育界一句常用的说法，投资可千万"不能输在起跑线上"。别在还没有开始投资的时候，就已经支付高额的交易成本。

多元化投资

投资者必须关注市场上的多元化投资产品和多元化投资理念。在日常生活中，散户都有很多其他工作和责任，往往没有很多的时间用于研究投资，所以更需要了解多元化投资机会，把握多元化投资理念，将风险充分地分散，力求使自己的收益接近于市场的平均水平。如果投资者能做到这种的收益水平，就会有不错的结果。如果用数据来反映，假设投资者可以比较稳定地获得12%的年化收益率，那么6年左右本金就可以翻番，这很有吸引力。

房地产投资和股票投资对于全球家庭来说都是大事。在国内，如果看一下居民家庭投资资产配置就会发现，少数几处房产和少数几只股票几乎占据中国居民的绝大部分（金融）资产。这种投资手法，让人不禁想起鼎鼎大名的巴菲特。他老人家的投资理念就是把所有的鸡蛋都放在一个篮子里，然后枕戈待旦、终年无休地看住自己的篮子。

然而，全世界只有一个巴菲特，他的这种策略也并不适用于广大的个人投资者。看一看那些整天为房地产调控政策和股市波动而操心的家庭，便知中国大部分投资者在投资过程中，都严重违背了投资学最基本的多元化投资原则，即不要把鸡蛋放在一个篮子里的原则。

投资者之所以对短期的收益高度关注，很大程度上是因为他们希望能够通过选择正确的时间进入或退出市场，或者及时调整自己的投资仓位，来获得更高的投资收益。

遗憾的是，所谓的择时能力，即选择最佳时机调整投资风险敞口的能力，比人们想象的要难得多。根据美国晨星公司的一份报告，在过去20年中一直长期投资的美国投资者平均每年的收益率是7.81%。然而，如果只是错过股市表现最好的10天，投资者的长期收益率就会下降到平均每年4.14%；如果投资者错过股市表现最好的20天，投资者的长期收益率更是会下降到平均每年1.7%。由此可见，选择最好的投资时机确实很重要。

如果不能把握最好的时机，投资者应如何避免这样的潜在损失呢？答案正是多元化投资。在股票、债券、房地产之间多元化配置，在不同股票市场、币种、板块之间多元化配置，在不同风险、周期、现金流的债券中多元化配置。随着中国资本管制的日益开放，中国投资者有了越来越多投资海外市场和海外货币的机会；随着更多基金产品、理财产品、信托计划的推出，市场上有了更多适应不同投资者风险偏好的多元化选择；随着指数型基金和ETF（交易型开放式指数基金）的推出，方便、廉价的被动多元化投资也逐渐进入投资者的视线。

多元化并不只是在不同板块、不同股票间的多元化，也包括在投资时机上的多元化。对于没有水晶球的投资者而言，在经济周期的顶端和底端都应该持续把资产配置于投资过程中。就像投资者有时不能区分好股票和坏股票一样，投资者也很难挑选"最佳"投资时机。所以，投资者应有纪律性，在投资时间上也应进行多元化。基金定投，每个月拿出固定的金额在不同的时点投资，就是一种投资时间多元化的有效方法。

企业发展

可持续地发展

通过讨论企业行为和企业高管的行为不难发现，在整个投资过程中，企业或者上市公司和它们的投资者很多时候扮演两种角色。一方面，散户或者机构投资者需要甄别企业，判断不同的信息，同时通过自己买入和卖出股票推高或者压低上市公司的股价。另一方面，上市公司也并非处于评价和选择过程的被动地位，通过公司决策，或通过公司高管的一些行为，上市公司会吸引投资者更多的关注，或得到更多的认可。

因此，在资本市场的发展过程中，投资者和上市公司一直是互动的两个群体。企业究竟对于投资者或者对于资本市场发展有什么影响？我们必须意识到，企业是一种追求利润最大化的经济组织，企业高管作为追求利益最大化，同时也具有很强能力的个人，也会希望利用各种手段最大化自己的利益。这种目标无可厚非，而且这种诉求与整个资本市场和投资者的长期目标较为一致。

如果想得到投资者的长期信任和认可，上市公司需要协调好短期和长期关系。在全球资本市场的发展过程中，有两种不同的模式。一是以美国的华尔街为代表的短期资本市场模式，这种模式追求上市公司短期业绩的大幅度提升和股价的大幅度攀升。二是以德国和日本为代表的资本市场，对股价的短期波动关注较少，而是把更多的精力放在企业核心竞争力和与投资者的长期沟通及信任上。

　　华尔街追求短期目标的好处，自然是可以在短期内使公司股价快速上涨。劣势是可能会产生不必要的道德风险，吸引高管做出一些强烈的短期行为。有些高管会通过财务造假等方法，牺牲广大股东和机构投资者的利益，从而达到获得更高收益的目的。所以，在这样的大环境下，无论是从上市公司社会责任的角度，还是从投资者面临风险的角度来看，笔者都认为，企业应当处理好上市公司和资本市场长期稳定发展的关系。因为一旦企业进行了一次财务造假，投资者就有可能完全丧失对这家公司的信心，那么这家公司今后的发展就会面临严重的质疑和巨大的阻力。

　　为了能实现企业业绩的可持续发展，企业的业务也必须走可持续发展的道路。现今，有很多企业都把重心放在放高利贷，或者进行房地产投资等短期投资项目上，而把主营业务晾在一边。短期来看，这种做法顺应了中国目前经济发展的趋势，付出较少的努力就可以获得较高的收益。但是与此同时，一个企业想要长期在资本市场中赢得投资者的认可，或者在产品市场中赢得消费者的认可，就必须有核心产品、核心服务、核心创造力和核心价值。

　　如果都靠放高利贷和开发房地产获利，虽然短期之内企业的盈利水平会快速增长，但是这种利润的增长可能导致股价的大幅变动。随着宏观经济形势的变化，如果企业一直依赖房地产作为业绩的主要推动力，那么在中国经济发展模式成功转型之后，很多企业就会丧失进一步提升赢利能力的机会。在日本房地产泡沫期间，很多日本上市公司就经历了类似的情况。正是因为通过房地产市场和借贷领域可以轻而易举地获利，日本很多原本非常成功的企业都放弃了自己的核心价值和核心竞争力。随着全球经济重心的调整和日本经济的回落，这些企业都受到了极大冲击。中国企业应当引以为戒。

另外，上市公司或者企业必须处理好自身和社会其他利益相关方的关系，实现全方位发展。人们常说企业和上市公司应对自己的股东负责。不过，现在更常见的情况是，企业的高管和董事会不仅要对股东负责，还要考虑企业内部和外部的其他利益相关方，比如企业的债权人、企业的职工、企业所在的社区和城市。企业只有处理好自己和各个利益相关方的关系，处理好股东和债权人、员工、社区、地方政府的关系，才可以保证在比较健康、友好的环境里可持续发展。从这个角度来讲，无论是损人利己的高管，还是投其所好的高管，资本市场的那一套只能在短期内见效。要保证企业的长期发展，更重要的是靠企业自身的核心竞争力和所有的利益相关方对企业的长期信任、关心和支持。

有社会责任感地发展

除了作为商业机构的商业属性之外，企业还肩负着重要的社会责任。中国的企业需要特别关注以下三个方面。

第一，企业和自然环境的关系。俗话说"天人合一"，只有和自然环境建立和谐的关系，才能保证企业的成功发展。无论是从原材料、产品质量、食品安全，还是从员工身心健康的角度，企业都必须考虑自身和环境的关系，人和自然之间的协调。在考虑商业利益的同时，企业也要考虑对整个社会、人类可能产生的重大影响。

第二，除了和自然界关系和谐之外，企业也要考虑自身和整个社区的关系。通过雇用社区的员工或者与本地金融机构或教育机构合作，企业给社区的公共事业或公共活动提供支持，从而形成友好的氛围，这是企业作为商业机构体现出的一种社会责任，同时也是企业保障自己可持续发展的一种方式。

第三，在追求商业利益的同时，企业也应该向社会宣扬正向积极、健康向上、诚实的价值观。无论是通过慈善捐助，还是通过与大学和研究机构合作，或者通过内部和外部的刊物发表和宣传，在给股东带来商业回报的同时，企业也应该传递这种正面信息，将自身的核心竞争力展现在社会面前，不断提升对于企业运行和价值的追求。在为社会进步和发展做贡献的同时，企业也会创造更多更新的消费需求、商业想法和创新理念，进而推动企业的进一步发展。

避免战争论和阴谋论

现在很多投资者都受到阴谋论和战争论的影响，不知不觉把金融妖魔化或者把投资神话化。很多人觉得，只有非常富有或者专业知识深厚的人，才能做投资，进而有一种对投资的畏惧和回避心态。这种回避心态，导致了投资者错过了很多长期投资的机会。

同时，阴谋论和战争论导致散户认为，进行投资的时候，无论是在国家与国家之间，还是散户和机构投资者之间，或者散户和散户之间，都存在金融的阴谋。这更让投资者觉得只有那些非常有城府，工于心计，会采取非法手段的人，才能从事金融投资，而自己应该对金融敬而远之。其实这些想法都是不正确的。

第一，所谓的阴谋论和战争论并没有坚实的理论与数据支持。如果投资者不了解金融，不能正确地对待风险或不重视长期投资，那么无论是哪个国家、机构，还是个人，都迟早会蒙受损失。这一点绝不只局限于中国，也不只局限于这个时代。想一想开篇时讲到的那些国家和金融机构的投资损失，就可以印证这一点。

第二，我们在讨论阴谋论的时候，投资者会在心理上产生一种很强的抵触情绪。于是，投资者不能正确地看待投资过程中出现的风险和面临的挑战，导致可能错过一些客观地应对投资风险和损失的机会。

第三，在阴谋论的影响下，有些投资者天真地认为，阴谋论是自己投资损失的罪魁祸首。因此在投资收益不好的时候，投资者会对自己的投资行为和决定不负责任。觉得投资的失利不是个人素质不够，也不是投资能力欠缺，而是因为有一些敌对的国家，或者敌对的投资者在实施阴谋，进行算计。一旦抱有这种简单的看法，投资者就会放松对自己的要求，降低对投资的责任心，不进一步提升投资能力，或学习更多关于金融和投资的技术、技巧和知识，最终导致投资者的收益更少。

政府

提供更多投资渠道：发展债券市场

反观过去发生的重大经济事件，譬如以温州为代表的中小企业融资难问题，以地方政府融资平台和为其服务的信托计划为代表的影子银行问题，以楼市和股市为代表的资产泡沫倾向和资产价格过度波动问题，以银行业为代表的金融行业盈利收入水平远远高于其他实体经济部门的问题，等等，好像在每一次重大的经济事件之后，听到最多的就是进一步推动金融改革的呼声。这其中存在一对很大的矛盾，即在宏观层面的天量流动性泛滥和在微观层面的中小企业融资难、国内家庭投资渠道有限之间的矛盾。

要想解决这一对矛盾，债券市场的发展有可能成为一石多鸟的金融改革的重要方向。作为所有其他债券市场的定价基础和信用标杆，国债市场的发展对债券市场整体发展的重要性不言而喻。目前，与发达国家相比，国内国债的发行和交易规模仍然显得稍小，市场流动性也相对较低。中国银行间市场交易商协会只在一定程度上补充了国债二级市场的一些欠缺。

曾经人们热议的国债期货，可以解决国债市场流动性较低的问题，保证国债市场价格稳定，扩展国债投资范围。国外很多固定收益市场也经历了类似的发展历程。随着利率期货和利率期货选择权的推出，更多市场参与者会加入影响和决定基准利率的过程，由此产生的基准利率会更接近市场化的利率水平。

在国债市场发展的同时，公司债券市场下一阶段发展的重点首先是进行统一监管和交易。目前，中国的公司债券市场由中国人民银行、发改委和证监会等多方分别监管，这样的现状不仅导致市场割裂，监管要求不同，造成监管套利和信息披露不对称，还导致二级市场流动性差，限制了一级市场的债券发行。

其次，目前只有少数信用资质很好的企业，才能通过中国的债券市场发债。值得指出的是，债券市场的一项重要功能是对信用资质进行定价。因此，只有允许不同信用资质的企业参与，才有可能让市场和投资者表达自己对信用资质的意见和估值，继而在运营管理、现金管理、公司治理等方面对企业提出更高的要求。证监会曾推出的高收益债券正是在这方面很有价值的一次尝试。

除此之外，对于在短期内解决地方政府融资难的问题，国际上通行的地方政府债和市政债券市场的发展提供了直接的经验与借鉴意义。随着地方政府通过市政债券市场发行债务，地方政府就必须向社会和投资者披露更多有关地方财政情况的信息。而地方财政收入、支出、资产负债表等信息的披露，不仅能为广大投资者提供投资决策的基础，还能对地方政府的融资、投资、财政税收政策的制定形成无形的监督和约束。从某种意义上讲，地方政府债和市政债券市场的发展，有可能从根本上解决地方政府的土地财政问题，以及由此引发的房价高速上涨的社会问题。

过去两年里，东部沿海一些经济较发达的地区已经开始尝试进行地方政府债券和市政债券的发行，积累了一定的经验并取得了一些成果。然而和公司债券市场一样，只有允许不同信用资质的地方政府进入地方政府债券市场，市场才能对政府信用给出公平和透明的定价。在定价激励下，地方政府也会更好地平衡地方政府财政，以期今后获得更廉价的融资。

由此可见，大力发展债券市场，或许有助于解决国内目前面临的众多经济挑战。不仅如此，在解决了利率市场化的问题后，人民币国际化和资本项目可兑换所面临的很多问题也有可能迎刃而解。在国内利率市场化的前提下，中国人民银行目前在考虑汇率和人民币流动的问题上所面临的诸多挑战和掣肘就可能更加容易解决。同时，国内市场的金融稳定也会进一步加快中国国际金融改革的步伐，并且走得更稳健。环顾当今的大环境，欧洲主权债务危机尚未完全解决，日本资产购买政策和由此导致的日元贬值，美国经济加速复苏，全球宏观经济高度不确定。对中国下一步金融改革和中国金融体系稳步融入全球金融体系的整体进程而言，国内利率市场化和债券市场的发展都会起到至关重要的作用。

债券市场的发展，除了可以帮助解决利率市场化的问题，还对中国股票市场有诸多正面影响。其一，随着公司债券市场的发展，广大企业可以通过债券市场进行融资，而不必千军万马涌向IPO的独木桥。由于存在有竞争的融资渠道，IPO将不再会因为强烈的需求和人为压低的供给扭曲。长期困扰中国股市的一、二级市场定价割裂的问题，有可能在债券市场发展的过程中自然而然地得到解决。

其二，随着公司债券发行和信息的披露，上市公司需要面对更高的公司治理要求。如果股票市场不能妥善地改善公司治理和保护投资者，尤其是中小投资者的利益，那么投资者有可能选择用脚投票的方式，离开股票市场，而通过债券市场进行投资。中国A股市场上屡禁不止的公司高管和大股东利用对公司的实际控制与股权结构，进行利益输送及关联交易的现象，也可能得到缓解。

其三，成熟和稳定的债券市场和丰富多样的债券产品，会为广大中国投资者提供更广泛的投资渠道和更稳健的投资产品。随着中国人口结构的转变，中国居民对固定收益产品的需求会日益增加。一旦投资者对安全、稳健、回报适中的债券产品的了解加深，自然就会将一部分资产从A股市场和房地产市场配置到债券市场，毕竟A股市场的风险高、波动大，而房地产市场缺乏流动性且交易成本高昂，属于"非理性繁荣"。因此，当债券市场逐步繁荣起来，股票和房地产市场也会随之回归理性。

由此看来，无论下一阶段金融改革的方向、路径和步伐如何，发展和壮大债券市场都可能是值得认真考虑的一石多鸟的重要政策选择。债券市场的监管思路对于中国多层次资本市场的顺利发展，也有着举足轻重的意义。

重融资也重投资：从以融资为目的到以投资为目的

除了新市场和新产品的推出，中国A股市场的监管思路也必须发生本质的转变。很大程度上，中国的A股市场在创立之初，是为了排忧解难，帮助国有企业融资。这也是在整个A股市场中比较保护上市公司，而对中小散户保护不够的原因。随着A股市场规模的逐渐扩大，整体投资者的水平和权利保护意识的提升，A股市场必须改变传统的重融资而轻投资、保护上市公司而不保护投资者的理念。

2008年之后，中国的投资者对于A股市场投资的信心大不如前。投资者对中国A股市场信心的缺失，伴随着流动性和货币供应量不再能够大规模地刺激经济或者创造GDP，导致在过去两三年中国A股市场一直表现欠佳。笔者以为，中国的股市在没有大的、深层次的改革之前，在今后一段时间可能不会有特别大的转机。

从这个角度来讲，只有转变市场理念，才能使投资者对市场有信心，愿意在我国A股市场投资。否则，随着整个资本市场的开放，中国投资者有了更多海外投资的选择，中国的上市公司将面临全球化的竞争。那么原来的资本管制和外汇兑换额度等制度，将不再能够保护中国的上市公司。中国上市公司得提交更好的成绩单，创造更高的盈余增长，提供更让人放心的公司治理结构，才能够吸引中国的投资者把资金留在中国A股市场，而不流向估值更便宜、公司治理更透明、对投资者的保护更完备的海外资本市场。

与此同时，国际投资者也聪明地意识到，中国的上市公司估值比其他市场的高，同时担心看不懂中国上市公司的很多财务信息，担心中国上市公司的大股东会通过一些手段来窃取其他股东和投资者的利益。如果这种大的制度环境不改变，即使我们向国际投资者开放中国的A股市场，很多国际投资者也未必敢进入中国市场进行投资。从这个角度讲，我们必须改变监管的思路和方式。

投资海外市场，引进国际投资者

很长一段时间以来，中国资本市场一直是一个封闭的市场，很大程度上对于投资者是不开放的，中国的投资者不能到海外市场投资，国际投资者也不能到中国的市场进行投资。国际投资者希望进入中国市场必须通过QFII（合格境外投资者）方式获得外管局的批准，才能获得投资中国股市的额度。与此同时，国内投资者也不能把资金轻易投放到海外市场。虽然是为了保证我们资本市场的稳定，但与此同时，资本市场的限制也会影响投资者的投资决定和投资收益。

这一点体现在中国和海外资本市场收益与风险的平衡上。笔者在研究中发现，过去 20 年，中国股市的收益虽然比全球股市高一些，但从波动率来讲，中国 A 股市场的波动率几乎是全球股票市场的波动率的三倍。也就是说，按照前文提到的夏普比率，中国投资者在承担相同风险的前提下，只获得国际投资者一半左右的收益。怎么提升中国投资者的收益，或者降低中国投资者承受的风险，无疑是资本市场下一步发展的重点。除了发展证券市场之外，国际化的思路也很重要，要鼓励中国的投资者进行海外投资，多涉足全球资本市场。全球资本市场是一个更多元化的，更好地分散和控制风险的市场，只有进行全球化的投资，才可能做到最大化地分散投资风险。

在这些市场里面，海外主要资本市场指数和海外投资可以在两个方面很好地帮助中国的投资者：第一，分散投资者的风险；第二，在控制单位风险的前提下，提升收益。据推算，如果能够鼓励中国投资者把 1/3 左右的资产投到海外市场，中国投资者所获得的夏普比率可以提升 20%~30%，这是一个非常大的收益风险比例的提升。开放资本投资管制，鼓励中国投资者投资海外市场，也可以帮助中国投资者更好地分享全球的经济发展，获得更高的投资收益。

投资者准入机制：从机构核准到投资者核准

至于监管，思路和工作方法的转变是今后的一个重点，必须从原来对结果的监管逐步转变为对过程的监管，即从对市场行为的监管变为对资质的监管，从原来对准入市场的监管变为对进入市场的最低资格的监管。

原来无论是股票的发行、审批，还是公司IPO，监管部门都会分析和评价每一步是否符合要求。这种做法有两个问题。首先，监管部门缺乏相应的资源和能力，难以掌握充分的信息。很多公司上市之后便出现业绩"变脸"或者亏损的结果，这就证明了监管部门和市场在资源、人员、信息上的不对称。无论监管层工作多么勤勉，都很难保证结果准确。其次，由于监管过程是对结果的监管，很多投资者认为某家公司或者某个产品既然通过了监管，其公司或者产品就没有风险。监管层对风险的隐性担保，既引导很多投资者盲目进入不了解的市场，而且导致投资者低估投资过程中的风险，仓促投资而蒙受损失。对于投资者而言，这些损失不仅带来了极大伤害，他们产生的不满情绪还会给监管层带来压力和监管难题，有时甚至可能导致监管层进一步收紧监管，形成恶性循环。

事实上，解决办法是采取流程式的监管，或者叫作对过程的监管。例如，要求上市公司在上市过程中必须满足一定的条件，要求基金公司披露如资质、仓位、风险等信息。在满足这些前提后，允许尽可能多的市场参与者进入市场发售股票、发售债券或者发行基金产品。由于证监会不再对企业的经营结果或者投资的安全性进行认证，投资者就必须对自己的投资负全责，会三思而后行。他们会意识到，如果发生损失，并不是因为证监会的某项政策，而是因为自己没有做出正确的决策。这种自然选择的优胜劣汰过程，对于投资者成熟和市场成长都极有价值。

放松管制和由此而带来的损失，不仅可以帮助投资者认识自己的投资能力，还可以帮助投资者认识整个市场的风险。其中的损失和风险，自然会阻碍很多投资者进入市场，从而避免人们蒙受更多的损失。如果从市场演进和发展的角度来看待这个问题，对过程的监管可能会比对结果的监管更有效。

同时，我们也会看到，无论是从发行股票的角度，还是从推出新产品的角度，都应该对机构提出最基本的要求，包括披露机构资质、过往业绩、声誉等信息。在对机构和产品提出要求的同时，监管层对投资者也应当有相应的要求，如投资者必须具备的资产规模、经验、风险承受能力。只有对投资者的财富、投资技能和风险承受能力制定标准，监管层才能够保证投资者所投资的产品和其风险偏好程度、风险承受能力相匹配。这并不是对投资者的歧视，恰恰是为了保护投资者，也为了让整个市场长期稳定发展。

笔者希望这本书可以帮助投资者意识到，投资者面临的最大敌人很可能既不是外国的阴谋策划者，也不是本国的政府和监管层，更不是上市公司或者金融公司，而是自己对于金融和风险的有限了解。如果对两者了解得不透彻，投资者、上市公司，以及整个资本市场和金融体系会面临更多意想不到的波动。因此，了解自我、了解金融、了解投资，对于投资者保护自己，获得更好的收益并规避风险至关重要。

最后，笔者希望这本书能够帮助更多的投资者，尤其是中国的广大散户，理解和战胜投资过程中的敌人，在投资经历中获得理想的收益。

致　谢

本书汇集了行为经济学和行为金融学研究在过去30年的诸多重大发现和笔者过去20年对相关问题的研究和思考。行为经济学和行为金融学作为经济学和金融学研究在过去30年最重要的突破领域之一，正在深刻地改变经济学界、政策制定者、企业管理者和每一个家庭和个人的思考与决策。

我在耶鲁大学的同事威廉·戈茨曼、罗伯特·席勒、陈志武教授是我的学习榜样。他们充分发挥了耶鲁大学将学术研究、教学与社会责任紧密结合的一贯宗旨，通过出版专著的方式将自己的学术成果、思想和全社会分享。本书的契机来自诺贝尔经济学奖得主罗伯特·席勒教授在2012年访问中国时对我的大力鼓励。

我想利用这个机会感谢我的众多研究合作者。

加州大学的布拉德·巴伯、保罗·格里芬、特伦斯·奥丁、伊沃·韦尔奇、米歇尔·怀特、蔡知令；耶鲁大学的拉维·达尔、威廉·戈茨曼、胡安、皮特·凯利、罗伯特·席勒；哈佛大学的洛仑·科恩、克里斯·马洛伊；瑞士国际管理学院的阿图卢·布里斯；康奈尔大学的安德雷·乌霍夫；南伊利诺伊大学的吉娜·尼克罗西；丹佛大学的彭亮；亚利桑那州立大学的马克·西肖尔斯；圣母大学的高鹏杰；伦敦经济学院的彭程；费城联邦储备委员会的李文丽。

上海交通大学上海高级金融学院的张晏诚、张纯信、方辰君；上海纽约大学的赵彬；北京大学的刘玉珍、李怡宗、罗炜、王汉生；清华大学的廖理、张伟强、王正为、王新程、向佳、区嘉和；北京师范大学的胡聪慧；上海财经大学的黄俊；中南财经政法大学的李志升；西南财经大学的张翼；台湾大学的蔡家芬、洪茂蔚、吴琼璠、张志宏；台湾高雄科技大学的王铭骏；香港中文大学的范博宏。

澳大利亚金融监管局的卡特里娜·埃利斯，中国国际金融公司的黄海洲，中信证券的林晓驰，联合研究的西恩·谢泼德，纽约市经济发展公司的史蒂文·斯特劳斯。

我在耶鲁大学、加州大学、北京大学、上海交通大学、清华大学的同事和助理，我指导的来自上海交通大学上海高级金融学院、北京大学、清华大学、台湾大学、台湾政治大学、耶鲁大学、加州大学的博士研究生和硕士研究生，我在雷曼兄弟和野村证券工作期间的同事、团队和客户，也在我的研究和授课过程中对我的研究与本书的创作做出了重要贡献。其中，方辰君、李论、马晓鉴、王皓非、徐祯帮我校对了本书初稿。

国际货币基金组织、美国联邦储备委员会、费城联邦储备委员会、新加坡金管局、澳大利亚储备银行、中国人民银行、中国证监会、上海证券交易所、台湾大学、台湾政治大学、香港中文大学、早稻田大学、伦敦大学帝国学院、新加坡管理大学、世界经济论坛曾对我的短期访问和研究给予支持。

中信出版社的朱虹老师、张飚编辑对于本书的出版给予了不遗余力的投入和帮助。

我的家人在我常年求学和研究过程中给予我无尽的关爱和支持，我希望能借此机会向他们表示最由衷的感谢！

朱宁

2020年5月于北京